하얀 詩集

왕은범 제3시집

도서출판 천우

하얀 詩集

내 시詩를 당신 머리맡에 살포시 내려놓습니다

당신이 잠드신 사이
가녀린 바람으로 다가가
하늘하늘 흩날리는 그대 고운 머릿결로 몇 줄 쓰고
당신 고운 향香 한 줌 얻어다
내 심연心淵 가 작은 흙집에 별처럼 뿌려두고

다시
곱게 잠든 당신 뜨락으로 달려가
가슴 가슴
콕
콕
박히는 그리움 별로 내려
그대 안에 나를 뿌리고 싶습니다

오늘처럼
내가 맑아지는 날은
아주 고운 시어詩語만 골라
그대 하얀 가슴에
한 올 한 올 고운 시詩만 수놓고 싶습니다

● 詩集을 내며

부질없음을 안다
그렇지만
변함없이 미산美山을 꿈꾸며 살아온 내게
내 혼魂이 담긴 시집詩集을 엮어 선물하고 싶었다
구절초 향도 한 줌 담고, 울 엄마 파란 병의 하얀
위장약도 담고 숱한 그리움별 된 인연들의 추억도 담아
아주 하얀 시집詩集을 내고 싶었다

부질없음을 안다
그렇지만 용케도 살아낸 만滿 60년
59년 기해생己亥生으로 태어나
다시 기해년己亥年을 맞이한 내게
아주 하얀 시집詩集을 선물하고 싶었다

시詩가 된 그리움
시詩가 된 병病
그리고 시詩가 된 이야기들로 까만 밤마다
한 줄 한 줄 참회록을 쓰듯 하얀 시詩를 써 내려갔다

난
다시 또 내 길을 묵묵히 걸어갈 것이다

변함없이 '미산美山'을 꿈꾸며

2019. 12月
美山山房에서

제1부

시詩가 된 그리움

● **詩集을 내며**

하얀 詩集 __ 15
인연은 다하면 강江으로 간다 __ 16
그리운 날엔 __ 18
잊는다는 것은 __ 19
그리운 것들은 다 별이 되었다 __ 20
그리움 화석 __ 21
잊혀진다는 것에 대하여 __ 22
산다는 것에 대하여 __ 24
난, 그런 사람이고 싶습니다 __ 25
그리움이라는 사람이 있습니다 __ 26
그리움, 눈물꽃 같은 __ 27
그립다는 것에 대하여 __ 28
그리운 날이면 비가 내렸다 __ 29
비 __ 30
그리움 __ 31
사랑을 하려거든, 아들아 __ 32
그리움 편지 __ 34
내 노래는 언제 익어 시詩가 되려나 __ 35
다시, 그리움에게 __ 36
시인詩人아, 이제 눈 감고 자자 __ 37

내 사랑은 늙지 않는다 _ 38
울지마라 _ 39
얼음새꽃 _ 40
나는 구름입니다 _ 41
바보가 살았단다 _ 42
참 좋은 인연은 꽃이 되더라 _ 43
미산美山을 꿈꾸며 _ 44
솟대 만들다 _ 46
미산美山 숲 산책로 평상에 누워 _ 48

제2부

시詩가 된 병病

생일선물 __ 51
암 병동 일기日記 1 __ 52
Code Blue __ 54
항암치료 시작하다 __ 56
암 병동 일기日記 2 __ 57
우지마라, 내 아들아 __ 58
암 병동 일기日記 3 __ 59
불면증, 자가진단 __ 60
암 병동 일기日記 4 __ 62
K 님 __ 64
암 병동 일기日記 5 __ 65
나는 어느새 목각인형이 되었다 __ 66
암 병동 일기日記 6 __ 68
아픈 날은 밤도 길다 __ 70
암 병동 일기日記 7 __ 71
국립암센터 외래주사실 6번 방 12번 안락의자에 누워 __ 72
아픈 자리마다 꽃이 피었다 __ 74
치사한 끝끝마다 번개가 친다 __ 76
다시 배우는 걸음마가 슬프다 __ 78
꿈속에서도 아프다 __ 80

통통痛痛 알람은 눌러도 멈추지 않는다 _ 82
영시암엔 그리움만 보냈다 _ 84
암 병동 일기日記 8 _ 86
가을엔 아프지 말자 _ 88
암 병동 일기日記 9 _ 89
새벽 4시에 깼다 _ 90
나 죽거들랑, 아들아 _ 92
암 병동 일기日記 10 _ 94

제3부

시詩가 된 이야기

시詩가 된 이야기 1 _ 97
비 오는 밤 산방山房에 누워 _ 98
난 가끔 까만 말을 했다 _ 100
그런 사람이 있습니다 _ 102
시詩가 된 이야기 2 _ 103
만추晩秋, 곰배령에 서다 _ 104
시詩가 된 이야기 3 _ 105
물처럼 _ 106
바람처럼 _ 107
구름처럼 _ 108
시詩가 된 이야기 4 _ 109
선승禪僧, 적멸寂滅들다 _ 110
시詩가 된 이야기 5 _ 111
장갑掌匣, 날다 _ 112
시詩가 된 이야기 6 _ 114
솟대는 날고 싶다 _ 116
시詩가 된 이야기 7 _ 117
안해에게 선 구절초 향기가 난다 _ 118
시詩가 된 이야기 8 _ 119
시詩를 농락하다 _ 120

시詩가 된 이야기 9 _ 122
잡초에게 미안하다 _ 123
탁啄, 탁啄, 탁啄 _ 124
우리는 정동진으로 간다 _ 126
내 기억 속엔 엄마만 있다 _ 127
시詩가 된 이야기 10 _ 128
김혜숙은 반성하라 _ 130
내가 사랑하는 사람은 _ 131
소리 / 바람 / 형상 _ 132
The End _ 135
시詩가 된 이야기 11 _ 136

해설 미산美山의 구절초로 표상한 자아의식 / 김관식 _ 138

제1부

시詩가 된 그리움

그립다그립다그립다그립다
그리움잡아날개달아날리면
그리움네게로가
내그립다그립다
그리다죽을
내그리움전해줄까?
날개쭉지꺾인그리움
땅바닥에퍼덕이다
눈속에파묻혀
흔적도없다
그리움
동사凍死하다

하얀 詩集

내 시詩를 당신 머리맡에 살포시 내려놓습니다

당신이 잠드신 사이
가녀린 바람으로 다가가
하늘하늘 흩날리는 그대 고운 머릿결로 몇 줄 쓰고
당신 고운 향香 한 줌 얹어다
내 심연心淵 가 작은 흙집에 별처럼 뿌려두고

다시
곱게 잠든 당신 뜨락으로 달려가
가슴 가슴
콕
콕
박히는 그리움 별로 내려
그대 안에 나를 뿌리고 싶습니다

오늘처럼
내가 맑아지는 날은
아주 고운 시어詩語만 골라
그대 하얀 가슴에
한 올 한 올 고운 시詩만 수놓고 싶습니다

인연은 다하면 강江으로 간다

인연은 구름처럼 왔다가
구름처럼 가기도 한다는 것을
바람 한 점도 인연 따라왔다가
또한 그렇게 바람처럼 떠나는 것을

슬퍼하지 말자
슬픔도 구름 같은 것
피었다 몽글몽글 지는
슬픔도 꽃과 같은 것

꽃이 진다고
그대
인연 하나 바람결에 날려 보냈다고
다시 또 꽃이 졌다고
우리 슬퍼하지 말자

슬픔도
설레임도
아쉬움도
애증도
그렇게 흘러 흘러
인연강에서 만나
유유히 흐르나니

내 사랑하는 사람아
바람 이려마
구름 이려마
다시 하나 되어 흐를 물 이려마

사족蛇足 : 인드라망, 혹은 인다라망

내가 있기에 네가 있고
이것이 있기에 저것이 있고
얽히고 얽힌 관계 속에 나는 그저 한낱 미물에 불과할 뿐

미워하지 마라
슬퍼하지도 마라
하나가 흔들리면
거미줄에 떨어진 빗방울처럼 모두가 출렁거릴 테니
그저
얽히고 얽힌 관계 속에서 묵묵히 네 길을 가라

인연은 다하면 강江으로 가나니

그리운 날엔

나,
그리운 날엔
그리운 날엔
숨죽여 흘린 눈물로 편질 쓰리라

보고프다고
보고프다고
끈적한 눈물 찍어
서글픈 필체로 꾸욱 꾹 편질 쓰리라

사무치게 네가 그리운 날엔
바람 춤추던 스무숲* 동산
아,
엄마 젖무덤 같던 그 동산에 올라
연 날리리라
왼종일 널 향한 그리움 연 날리다
끝내는
훠이훠이 네게로 안겨
순백의 구절초 되리라

* 스무숲 : 필자의 고향 마을 이름.

잊는다는 것은

울컥
슬프다
잊는다는 것에 대하여 말을 하려니
차마 슬프다

잊는다는 것은
나를 도려내 너를 지우는 일이다

아, 잊는다는 것
잊는다는 것은
내 가슴에서 널 하나하나 지우는 일이다
네 까아만 눈동자를
네 긴 목을, 가슴을
그리고 마지막으로
네 이름을 지우는 일이다

잊는다는 것은
가슴에 눈물 우물 하나 파는 것이다
차마 못다 지운 이름 떠올리며
샘물 같은 눈물 길어 올리는 것이다

그리운 것들은 다 별이 되었다

그리운 것들은
모가지 길게 뽑고 치어다봐야 보이는
별이 되었을지도 몰라요
내 억울한 열일곱 살
그 목메이게 억울한 열일곱에
울 엄만 벌써 별이 되셨고
내 어릴 적 기르던 충직한 똥개(독꾸)도 별이 되었고
쓸쓸함을 안주 삼아 대작對酌하던 친구도 별이 되었거든요

그리운 날이면 그리운 만큼 하늘을 봐요
모가지 잔뜩 꺾은 채 하늘을 봐요
그러면 눈물도 흐르지 못하고 고이거든요

함께
하늘의 별
어깨 맞대고
치어다볼 그런 친구 하나
그립습니다

K 님,
그리운 것들은 모두 별이 되었다니까요
이제 답答이 되었나요?

그리움 화석

그리움은
간직하라고 있는 게야

차마 꺼내지 못하고
마냥 간직만 하라고 있는 게야

그러다
화석이 되라고 있는 게야

그리움은
다시
간직하라고 있는 게야

간직하다
그저 간직만 하다
고운 화석이 되라고
있
는
게
야

잊혀진다는 것에 대하여

누구였더라

아,
희미하다

누구였더라

잊혀진다는 것은
주인 떠난 빈집
색 바랜 창호지에 흐릿하게 남아있는
누군가의 이름 같은 것이다

잊혀진다는 것은
무심한 잡초 우거진
쓸쓸한 무덤
그 무덤
늙은 묘비 같은 것이다

불씨 하나 사그러지듯
시나브로
시나브로
잊혀진다는 것은
내 가슴에서 네가 사그러드는 것이다

잊혀진다는 것은
아,
잊혀진다는 것은
네 가슴에 핀 내 꽃
하염없이 울음으로 지는 것이다
그런 것이다

잊혀진다는 것은
결국

치통처럼 슬픈 아픔인 게다
나만이 느끼고
너만이 아는

산다는 것에 대하여

산다는 것은
떠오르는 해를 바라보고
다시
저무는 해를 바라보는 일

내
마음의 두께보다는
깊이를 가늠하는 일

내 몸 구석구석
구절초 향기를 채우는 일

그리고 더러는
뜨거운 눈물을 더불어 흘리는 일
그 눈물로
구절초꽃 하나 피우는 일

산다는 것은
결국
구절초 하나 피우고
곱디곱게 지우는 일

난, 그런 사람이고 싶습니다

누군가의 가슴속에서 자라는
참 좋은 사람이고 싶습니다

외로울 때 문득 생각나는
바닷가
그윽한 찻집에서
문득 전화하고 싶은
따끈한 커피 나누어 마시고 싶은

비가 온다고
비가 오느냐고
비 오면 뭐 할 거냐고
끝도 없이 함께하고픈
그런 사람이고 싶습니다

누군가의 그리움이고 싶습니다
별 헤는 밤
까아맣게 떠오르는
당신의 그리움이고 싶습니다

그리움이라는 사람이 있습니다

안부가 궁금한 사람이 있습니다
멀리 있어 보이지 않는
그리움이라는 사람이 있습니다

달이 되기도 하고
별이 되기도 하는
그리움이라는 이름을 가진 사람이 있습니다

별이 아픈 날은 나도 아파 아파
희미한 별빛조차 피우지 못하다가
내 좌표 찾지 못해 헤맬 그댈 위해
아픈 가슴 쥐어짜 감박 감박 감박이는 별빛 드리웁니다

별도 달도 없는 날엔
더욱 안부가 그리운 사람이 있습니다

그대
그리고 그대여!
가슴에 그리움 별 하나 묻어두셨나요?

그리움, 눈물꽃 같은

목이 마르다
아니
그리움에 목멘 갑다

눈조차

그
리
워

그
리
워

그리워

흩어지다
내 하얀 가슴 가득
당신이란 이름으로 아롱지는
오호~!
눈물꽃 같은 그리움

그립다는 것에 대하여

별을 보면 난 엄마가 그립다
그립다는 것은 보고 싶다는 것
별이 되신 엄마를 만나고 싶다는 것

잘 익은 막걸리를 마실 때면 난 아버지가 그립다
그립다는 것은 아주 오래된 막걸리 향香 같은 것

바람 불고
가슴 시리도록 눈 내리는 날이면
난 다시 미산美山이 마약처럼 그립다

향기 좋은 구절초 차 정성스레 타 놓고
까아만 하늘 반짝이는 별을 보고 있노라면
문득 네가 그립다

그립다는 것은
이미 네가 내 속에 산다는 것
내 마음 그 어딘가
꺼지지 않고 반짝이는 별이 되었다는 것

그리운 날이면 비가 내렸다

어쩐지 그립더라
하늘에서 그리움이 떨어진다
어제부터 그렇게
비는 그리움으로 내렸다

어쩐지 그립더라
그렇게
이렇게
비 내리려고
어제부터 그렇게 그리웠구나

비가 온다
비만 오지
내게 내리는 비는 언제나
그리움과 함께 내린다

잘 있는 거니, C*야

* C : 어느 특정인을 지칭한 것이 아니라, 필자가 늘 찾아 헤매는 시詩, 희미한 기억 속의 인연들, 사연들, 그리운 사람들, 순간들, 추억들을 포함한 것이다.

비

그리움 지렁지렁 매달려있다
제 무게 못 이겨

떨
어
지
는
눈물 혹은 아픔

비를 바라보면 눈물 고이는 건
눈물의 고향이 비이기 때문일 게다

그리움으로 내린 비는
또 다른 그리움 데리고
끝도 없이 승천昇天하다
그리움
다시 농익으면
그대 가슴팍에 눈물 되어 꽂히는 너

비

그리움

그립다그립다그립다그립다

그리움잡아날개달아날리면

그리움네게로가

내그립다그립다

그리다죽을

내그리움전해줄까?

날개쭉지꺾인그리움

땅바닥에퍼덕이다

눈속에파묻혀

흔적도없다

그리움

동사凍死하다

사랑을 하려거든, 아들아

사랑을 하려거든 꽃같이 하라 했지?
기억나니?
채석강 붉은 해 사그러든 낭만적인 밤
그 붉은 말로 이야기했던
아빠의 '사랑을 하려거든' 특강

생채기 나는 사랑은 하지 말거라
서로에게 꽃이 되는 사랑이라야
참 사랑이란다

사랑을 하려거든
아들아
구절초 향 같은 사랑을 하거라

두 손 다소곳이 맞잡으면
화~~하고 피어나는 순백의 구절초 같은
언제라도 늘 은은한 구절초 향 같은 사랑을
알콩달콩 하거라

다시 말하노니, 아들아
사랑을 하려거든 생채기 나는 사랑 아닌
꽃 같은 사랑을 하거라
참꽃마리 같은 사랑이라면
더욱 좋겠지

사랑은 말이다
그냥 하는 거란다
아빠가 구절초를 그냥 좋아하듯
엄마가 너희들을 그냥 좋아하듯
사랑은
그냥 바람처럼 하는 거란다

아빠의 노래를 들었거든 아들아
가을의 언어를 주워 담거라
여기저기 흩어진
사랑
감사
그윽함
아름다움
풋풋함

네 영혼 맑아지는 날
사랑은 다시 가을처럼 올테니
아들아
네 가슴 가득 꽃피울 구절초를 위하여
오늘도 손을 모으렴

그리움 편지

싸부님,
요즘은 어찌 지내시는지요
여전히 막걸리 좋아하시고
허허 비우며 살고 계시는지요

여보시게 최 피디
그리고 꽝식아
사람들이 우째 이리도 무심한가
가끔 생사 확인이라도 할 수 있게 해줘야지 않겠나

찬바람 지독하게 불어대고
그리움 봇물처럼 밀려오던 날
그리움 담은 술주정 적어 보내오

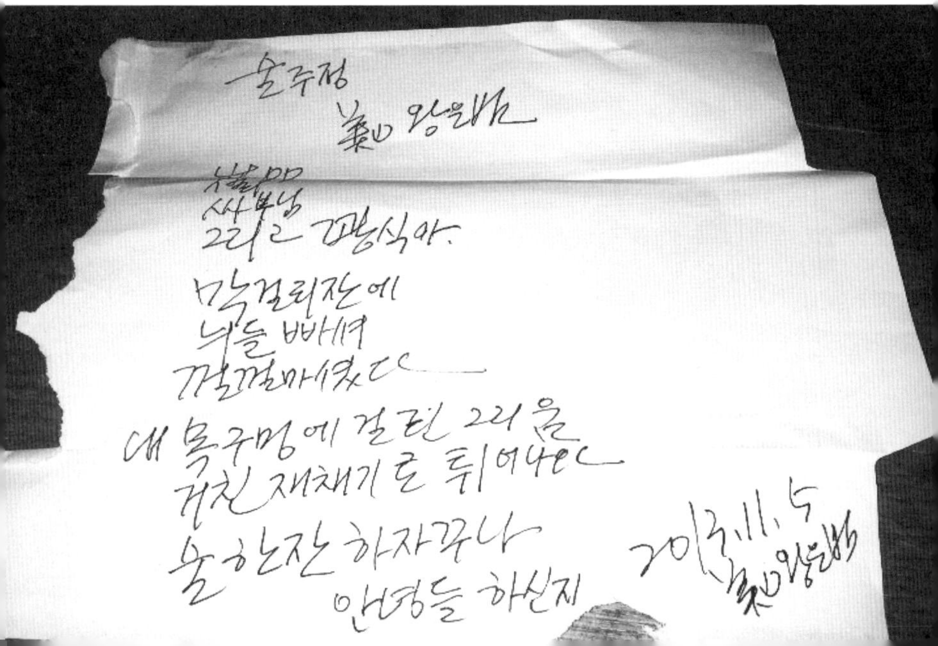

내 노래는 언제 익어 시詩가 되려나

시詩
한참 째려보다
로데오가 떠올랐다
그 미친 듯이 날뛰는

말馬의 난무亂舞
말言의 난무亂舞
급조한 신도시 색채 같은 언어탑言語塔

종이 쪼아 이룩한
넝마처럼 나부끼는 저 거짓 찬란한 위업을 보라!

말馬의 난무 같은 말言의 난무

성장 멈춘 나이에
늙은 사색思索도 아닌
주름도 아닌
잔머리 하나 굴러다닌다

내 노래는 언제 익어 시詩가 되려나?

다시, 그리움에게

그리움
차곡차곡 익어만 간다
달맞이꽃 달 그리다
노랑물 들듯
널 그리다
노오란 그리움 하나
툭
피웠다

그.리.움.꽃

산다는 것은
그리움 꽃 하나 키워가는 건지도 모를 일이다
눈물로
한숨으로
가슴 태우며
한 줌 재로 남을 그리움 하나 키워가는 일인지도 모른다

나 죽으면
누군가의 그리움 꽃으로 피어날 수 있을까?

시인詩人아, 이제 눈 감고 자자

— 2004년 10월 홍천 내면 원당 비 새는 관사에서

방房
덩그라니 나 홀로인
죽음 같은 침묵으로 도배된
아득한 원시原始의 방房

창窓에 어린 나팔꽃은
어느새 추억되었건만
독방獨房 속의 난
시들 줄 모른 채
여전히 꿈꾸고만 있구나

내린천은 마냥 무심無心하게 흐르고
하늘의 별들도 그저 이유 없이 빛나는데
난 천년바위 자태로
뭘 찾느냐

시인아, 외로운 시인아
밤 깊어 별들마저 잠들었는데
이제 그만 눈 감고 자자

내 사랑은 늙지 않는다

내 사랑은 언제나 스물한 살
어쩜 이다지 늙지도 않는지

내 가슴에 파랗게 각인된
사랑이란 이름의 화석은
늙을 줄 모른다

누가 새긴 사랑이라더냐?
너냐?
너냐?
너냐?

사랑아
사랑아
내 사랑아

넌 어쩜 이리도 늙지 않는단 말이냐?
내 사랑은 결코 늙지 않는다
다만,
농익을 뿐

울지마라

하나가 떠나니
하나가 떠나고
하나가 가니
또 하나도 가고

하나
하나
그렇게 떠나고 가니
나도 너도
홀로 남았구나

울지마라
누구나 하나로 왔다
하나로 가는 것

다 떠나고
너만 나만 홀로 남았다고
울지마라

누구나
하나로 왔다
하나로 가는 것

얼음새꽃

무에 그리 사무치셨는지요?
동冬 동冬
발 구르며 구르며
긴 겨울 그리도
사무치게 그리워하셨는지요?

백설白雪 삐집고
수줍어 수줍어 내민
내 연인 가슴 같은
거짓 하나 없는 원초적 노랑이여 !

내
그대 품어 노오랗게 물들이고
온달로 당그라니 떠
그대 해맑은 심연心淵에 드리울지니

그대여!
살포시 날 품어
부디 그대이게 하소서

나는 구름입니다

형상이 있는 모든 것은 다 사라져버립니다
모든 만물의 형상은 구름과도 같습니다
내 좋아하는 구절초도 구름으로 잠시 머물다가
그렇게 멀어져 갔고
내 사랑하는 울 엄마도
날 사랑했던 울 엄마도
엄마 구름으로 머물다가
이제는 영원한 별이 되었습니다

모든 형상이 다 구름입니다
하늘 한 점 구름입니다
잠시 머물다 갈 형상입니다
그저 둥 둥 떠 있다
바람처럼 사라질 형상입니다

나는 구름입니다

凡所有相(범소유상)
皆是虛妄(개시허망)
若見諸相非相(약견제상비상)
卽見如來(즉견여래)

바보가 살았단다

시인詩人을 꿈꾸는 사람이 살았단다
세상 저 멀리
미산美山이라고 하는
가난한 오지
그 투박한 산간오지에
구절초 흐드러지게 피워두고
물과 바람과 구름을 그리는
시인詩人이고픈 사람이 살았단다

다다다
다
다
꾸는 꿈과는 정반대로
미산美山을 꿈꾸는 한 사람이 살았단다

그저
구절초만 노래하는
소위
바보가 살았단다

참 좋은 인연은 꽃이 되더라

인연
세상사事 인연으로 얽히고 얽혀
이로 인해 저것이 있고
저것으로 인해 이것이 있거늘
참 좋은 사람들과의 인연이란
한 떨기 고운 꽃과 같은가 보다

늘 향기를 몰고 다니는 여인, 우분偶芬
그리고 언제라도 천사 같은 미소와
잔잔한 푸근함을 선사하는 여인, 정희貞熙
철들자 환갑이라는 넉넉한 머루 형님
진정한 하심下心을 실천하는 삶을 살며
참 행복을 깨닫는다는 정 많은 이웃 김 사장님 내외분
나 닮은꼴 청석골 권 형님
말간 하늘 구름꽃 같은 오 언니

어제는 그렇게 이렇게 저렇게
보고 또 보아도 참 좋은 인연님들과 어우러져
왼종일 이리공 저리공
신선놀음에 푹 빠져 지냈다
참 좋은 인연은 꽃이 되더라

미산美山을 꿈꾸며

C야
네가 사무치게 그리운 날엔
부치지 못할 장문長文의 편지
곱디곱게 써두었다가
함박눈 흐드러지게 흩뿌리는 날
폭죽처럼 하늘로 쏘아 올리고

그냥
네가 목메이게 그립다고 그리웁다고
울컥울컥 일기도 쓸 거야

별 총총 겨울밤
창 넓은 산방山房에 앉아
네 오른 어깨에 머리 기대고
별 하나 나 하나 별 둘 너 둘….
별이 될 때까지 별 헤아리다가
네 따슨 체온 먹고 사르르 잠드는 거야
꿈속에서조차 네 어깨에 기대어
달콤하게 잠자는 거야

더러는 시詩를 찾아
밤새 밤새 하얗게 나를 비우고
그 빈자리에
고운 널 그려 넣고

바알간 산사나무 열매
향그런 술로 익었다고
그리움이란 이름 가진 그대/ 그대/ 그대랑
출근 없는 미산美山에서 흠씬 취하며
농익은 사랑을 노래하는 거야
너랑 나랑 보드랍게 끌어안고

솟대 만들다

비
찔끔찔끔
내리는 날

난,
날지도 못할 나무새를
만들고
만들고
또 만들었다

무슨 한恨이라도 맺힌 걸까?
아니면,
간절히 빌어야 할
그 무엇이 있는 걸까?

아니다
그도
이도
아니다

그저
날고 싶었을 뿐이다
날갯짓이라도 퍼덕이고 싶었을 뿐이다

그 어드메
그
어드메
그리움
무덤처럼 묻혀있는
그 어드메로
날고 싶었을 뿐이다

그 어드메
그리움으로
날고 싶었을 뿐

미산美山 숲 산책로 평상에 누워

벌러덩 눕다
훌훌 벗어던지다
바람을 낚아 시詩 쓰다
오이 썰어 냉국 만들고
옥수수 감자 삶아 먹다

매미 곁에 두고 콧노래 흥얼거리다
법정法頂 싸부 그리워
다시 꺼내 음미하다
바람 낚아 시詩 쓰다

아픈 자리마다
꽃이 피었다

내 아픔 다하는 날
내 아픔 상처 남은 자리엔
어떤 꽃 필까?
암세포 닮은
독한 꽃 대신
작고 순한 참꽃마리 피었음 좋겠다

제2부

시詩가 된 병病

가을엔 아프지 말자

단풍들도 아파 저리 붉게 타거늘
너마저 아프면

가을은 어찌하라고

사람아
가을엔
제발
아.프.지.말.자.

아프려거든 차라리
하얀 겨울에
나목裸木처럼 아프자

생일선물

60회 생일선물치곤
참
드라마틱한 선물이다
내가 키운 암 3종 세트
위
간
림프절
두루두루 받아
생일날 퇴원이라

그래,
이제부터
드라마틱한 암 투병기를 써보자
참으로 귀한 생일선물 받았으니
감사하고 또 감사하자

60회 생일선물로
암 3종 세트라~!
가만 보니
억지로 맘에 든다
땡큐~~!!

암 병동 일기日記 1

2019년 1월 11일

오늘은 음력으로 12월 6일
바로 내 생일이자 퇴원하는 날이다
생일生日, 내가 거듭 태어난 날
병원 밖으로 나가 새로운 삶을 시작하게 되는 날
그럼 이제 내 나이는 한 살? 예순 살?

여느 때와 같이 새벽같이 일어나 걷기운동을 하고
화장실에 들어가 오랜 버릇인 용변을 보려는데
시간이 흘러도 배변이 어렵다
이런 일이 없었는데….
손끝이 저리고 무심코 세면대에 받아놓은 물로
세수를 하려고 손을 담그는 순간
마치 감전이라도 된 듯한 찌릿함이 온몸으로 번진다
약간의 어지럼증과 속 쓰림 현상도 보인다
아하, 이게 항암제로 인한 현상인가 보구나
온몸으로 퍼진 항암제가 내 몸 구석구석 퍼져
특이 반응을 보이나 보구나

생일을 축하라도 하듯
아침으로 나온 모닝빵에 잼을 바르고

샐러드며 부드러운 수프를 맛있게 먹고….
(먹을 수 있다는 사실이 그렇게 고맙고 행복한
일인 줄이야~!!!)

611병실 환우들과 작별 인사를 나누고
퇴원 수속을 밟고….
집에 머무는 동안 챙겨 먹을 약을
푸짐하게 선물(?) 받고 국립암센터를 나서는데….
아, 눈물이 난다

Code Blue*

"코드 블루, 코드 블루
3층 중환자실, 코드 블루 코드 블루……."

암센터 병동을 울리는
긴박한 메시지가
파들파들 떨린다

'아, 누군가가 별님 되시려나 보구나'

"맛있게 드세요"
식판을 가져다주시는
아주머니의 다정한 목소리

"코드 블루, 코드 블루"
"맛있게 드세요"
"코드 블루 코드 블루"
"맛있게 드세요"

꼭꼭
꾹꾹
이를 갈듯 천천히 씹어
암 걸린 위장 속으로

음식물을 삼켜
밀어 넣었다

코드 블루, 코드 블루…….

* Code Blue : 병원에서 쓰는 의학용어로 심장마비가 온 환자 발생 시 사용.

항암치료 시작하다

2019. 01. 10. 16:20

그래,
인연 따라왔구나
내가 불러들인 손님이니
한 석 달
잘 지내다 가렴

내 몸에 머무는 동안
내 말
잘 듣고
가끔만 지랄 떨다
정情일랑 남기지 말고
미련일랑 남기지 말고
뒤조차 돌아보지 말고
잘
가거라

그래줄 수 있겠지, 암癌?

암 병동 일기日記 2

2019년 1월 12일

산방에서의 항암치료 2일 차
어젯밤 고열과 복통, 심한 관절통으로 잠을 거의 못 잤다
암세포는 물론, 멀쩡한 세포까지 죽인다는 항암제의 영향일까?

입이 쓰고 입맛이 없어 아침밥을 조금 먹고 종일 누워 있었다
이제 시작인데, 벌써부터 약해지면 안 되는데….

갑자기 까다로워진 입맛, 식욕감퇴
찬물과 찬 음식, 찬 공기에 대한 과민반응
어지럼증과 속 울렁거림, 음식 냄새에 대한 역겨움
무기력증, 나답지 않은 모습

이러면 안 되는데, 이제 겨우 시작일 뿐인데….

옆에서 지극 정성으로 간병하는 안해*가 고맙고 애처롭다
기껏 정성스레 음식을 만들어주어도 이상하리만치 사라진 식욕
잘 먹고 체력을 길러야 한다는데, 면역력을 길러야 한다는데….
여기저기서 보내준 보양식과 과일, 물건들이 줄어들기는커녕
자꾸만 쌓여간다
그저 안타깝다

* 안해 : '아내'를 일컫는 말로 '내 안의 해'와 같은 존재라는 뜻.

우지마라, 내 아들아

너울너울 엄마가 춤을 춘다
상여 타고
울 엄마
당실당실 춤을 춘다

울지마라
우지마라
네가 울면
내가 울고
내가 울면
네가 우니

우지마라
우지마라
가여운
내 아들아
내 별 되어
널 보리니
우지마라
내 아들아

암 병동 일기日記 3

아프니까 엄마 생각이 났습니다
내 나이 등 푸른 열일곱에 하늘 별 되신 울 엄마
그 엄마의 DNA가 내 몸속에 흐르나 봅니다
엄마의 아픔을 조금이나마 느껴보라고
내게 보내주신 큰 선물인가 봅니다

다시 항암약을 복용하기 시작한 어제
손끝, 발끝, 얼굴, 눈가 저림 현상과 어지럼증이
조금 심했지만 견딜 만했습니다
울 엄마 만큼이야 했을라구요
속 울렁증과 메스꺼움은 거의 보이지 않았지만
안해가 정성스레 차려준 밥상 앞에 앉아
씩씩하게 먹어주지 못해 못내 미안했지요
그렇지만 안해의 사랑과 지극 정성 보살핌에
보답하려고 억지로라도 먹으려고 노력했답니다
단디 무장하고 미산 숲 산책로로 가서
60여 분 걷기운동, 스트레칭, 호흡명상
나무 끌어안기, 푸시업 30회, 하체단련 20회….
했구요~~~^*^

불면증, 자가진단

묘한 아픔으로 눕다
묘한 아픔으로 깨다
깨다눕다깨다눕다
깨다
눕다깨다눕다
깨다눕다깨다눕다

꿈결 같은 자가진단
병명病名
맹독성항암약물잔류에 따른
복용중단신호로 의심되는 경고성불면증
혹은,
향정신성의약품장기복용向精神性醫藥品長期服用으로 인한
수면睡眠시스템붕괴증후군

인터넷 검색 결과
(향정신성의약품向精神性醫藥品, Psychotomimetic Agent) :
적은 양에 노출되었을 때, 환각, 환상
그 외 중추 신경계의 정신병
(감각상실, 마비, 경직 등)을 일으키는 물질.
병의 효력은 일시적이며 의사 결정 능력과 행동을 마비시킨다

감각상실
마비
경직

닭도 쥐도 별도 구름도
다 자건만
난,
무허가 인터넷 병원
돌팔이 의사가 되어
불면의 늪을 힘겹게 헤매고 있다

새벽
닭 울음은 아직 멀었는데….

암 병동 일기日記 4

이른 저녁을 먹고
소파에 앉아 발마사지기에 저린 발을 맡기고 앉아
TV 뉴스를 보며
저림과 통증을 잠시 잊어보려는데
천근만근 묵직해지는 다리의 뻐근함과 마비증세
묘한 통증이 밀려와 나도 모르게 스르르 안방 침대로 가
벼락 맞은 나무처럼 쓰러진다

얼마만큼 잤을까?
꿈속에서조차 아파 아파 퍼렇게 멍든 몸뚱아리
달래고 얼러 잠 깨어보니 새벽 1시 조금 넘은 시각
죽음 같은 고요가 방 안 그득하고
발끝부터 치솟는 묘한 통증이
온몸으로 번지고 있었다
아, 이 망할 놈의 묘한 통증이 나를 깨웠구나
이 망할 놈의 통증은 잠도 없단 말인가
묘한 통증을 대체 어떻게 표현해야 좋을까?
진정 묘하고 또 묘하도다

어느새 익숙해진 묘한 통증, 저림, 불면

에라 모르겠다
차라리 즐기자
'피할 수 없으면 즐기라'고 하지 않던가

이 깨끗한 시간
그래, 비밀 같은 까만 글을 쓰자
새벽닭
첫울음 울 때까지
하얀 그리움 길어 하얀 시를 쓰자

까아만 밤 까만 글씨로 하얀 시 물어다
하얀 시집을 짓다

K 님

K 님
산다는 것은 다시
가슴에 꽃 하나 피우는 일인지도 모릅니다
온데도 모르듯
갈 곳 또한 모르는 그 어드메

바람만이 아는 그 머언 본향本鄕으로
길 떠나기 아쉬워
저마다 저마다의 색깔과 향기로
꽃 하나 피워내는
그런 건지도 모르지요

K 님의 가슴에선
하이얀 구절초
화아~~~ 피었음 좋겠습니다

추신 :
난 여전히
그런대로
잘 버티고 있습니다
다 덕분입니다

암 병동 일기日記 5

K 님, 운유지가 얼었습니다

흔들리지 않고 피는 꽃이 어디 있을까요
아픔과 고통, 시련 없이 사는 삶이 어디 있을까요
이 또한 헤집고 나아가야 할 과정이라 여기고
모질게 이겨내야지요
암(癌),이 악물고 견뎌내야지요
시련은 희망의 또 다른 이름임을
아픔은 평온의 또 다른 이름임을 알아가야지요

시련이나 아픔 또한 지나가리니
결코 절망하거나 슬퍼하지 말고 간절해지려구요
간절함은 하늘도 움직여 기적을 낳게 한다잖아요

운유지 개구리알 개구리 되어 운유지를 떠날 때 즈음
내 몸속 암세포들도 나와의 동거를 끝내고
미련 없이 떠났으면 좋겠습니다
정말
좋겠습니다

나는 어느새 목각인형이 되었다

나 같긴 한데
분명
나 같은데
난 어느새 익숙해진
끝끝마다 매일 죽어가는
후천성 말초신경 상실증 환자

두 눈 벌겋게 뜨고도
감각들을 매일같이 도둑맞는
난

어느새
목각인형木刻人形

감각은 감감減減해지다
점멸 중漸滅 中이건만
두 눈 벌겋게 뜬 채
감각들을 도둑맞는
난

어느새
무기력한 목각인형木刻人形

대체
난
어디로 가고

슬픈 목각인형木刻人形만
껍데기처럼 앉았는가

암 병동 일기日記 6

오늘은 어제보다 더 지독하다
손발 저림은 날이 갈수록 극성을 부려
내 인내심을 무너뜨리려는 듯
잔인할 정도로 발악을 하고 있다
내 몸이지만 내 몸이 아니다
내 손은 이미 내 손이 아니고 내 발과 다리는
나를 떠난 지 오래다
나도 어찌할 수가 없다
그저 두 눈 멀겋게 뜨고 당할 수밖에
앉았다 일어서기조차 힘들고
내 작은 숲 산책로를 오르내리기도 버겁다
팔다리 마비, 무감각, 무기력, 지독한 저림
아, 이 고통을 누가 알까?
오롯이 내가 감내해야 할 내 몫의 아픔이다
내가 이겨내야 할 내 몫의 고통이다

항암치료 과정에 겪는 일반적인 증세라지만
그 끝을 알 수 없기에 더욱 슬프다
지리산 설악산 한라산 계방산 소백산 태백산 오대산
덕유산 속리산 치악산

숱한 산들을 날다람쥐처럼 활보하던 난 대체 어디로 가고
목각인형처럼 무기력한 나만 남았는가?

'이 또한 지나가리니' 하며
나 스스로에게 최면을 걸어보지만
날이 갈수록 자신이 없다

고요
속
감각은 여전히 죽어가고
나는 목각인형이 되어가고 있다
오늘 밤엔 안해랑 천왕봉 올랐던
하얀 꿈이라도 꾸었으면
좋.겠.다.

아픈 날은 밤도 길다

추워서 서러운 밤
상여 같은 침대에 누워
병病꽃 피우는 시간
아픈 날은 밤도 길다

밤은 잔인하게 난도질당한 채
도막
도막
잘리우고
잠은
죽음 같은 강江을 헐떡이며 자맥질하건만
강江은 여전히 멀다

시간은 모질게 살아 서걱서걱 칼을 갈고
무릎은 통통痛痛 짓무르는데
난,
묵은 아픔으로 발버둥 치는 목각인형
버림받은 등신불等身佛 된다

상여 같은 침대에 누워
병病꽃 피우는 시간
강江은 여전히 멀고
아픈 날은 밤도 길다

암 병동 일기日記 7

낮에 일을 좀 했다고
오후 내내 몸이 힘들어한다
옛날 같으면 반나절도 걸리지 않을 일이건만
어느새 그 작은 일에도 쉬이 지친다
그런 내가 한심하다 못해 슬프다

매일같이 하던 실내 걷기운동도 거른 채
이른 저녁을 먹고 나도 모르게 침대에 눕는다
묘한 아픔이 온몸을 검문하듯 훑고 다니며
잠을 내쫓는다
밤 10시, 12시, 새벽 1시 반… 새벽 4시, 새벽 5시….
깨다 자다/ 자는 듯하다 깨다….
김장 준비하느라 고단한 안해 잠 깨울세라
몰래 일어나 서재로 간다
좌불坐佛처럼 앉아 까만 글을 쓴다
젠장, 아픈 날은 밤도 길다
인정머리 없는 아픔은 잠도 없구나

국립암센터 외래주사실 6번 방 12번 안락의자에 누워

지렁지렁
운명의 족쇄 같은,
아니다
생명줄처럼 질긴 탯줄 같은
줄
줄
줄
마다마다 부여잡고
마다마다 간절히 기도를 한다

나의 종교는 뿌리마저 녹슨 지 오래
나의 신神은 마냥 희미만 한데
묵주 같고
염주 같은
알알 방울 방울 떨어지는
죽임을 명命받은 독액毒液
보다, 명命한다

침투하라
그리고
장렬하게 전사戰死하라
남김없이 모조리 멸滅하라

어릴 적
처마 밑
뚝
뚜
욱
뚝
낙수落水 보듯
몽롱한 안마산, 대룡산, 금병산, 봉의산, 삼악산

그리고 피곤해 축 처진 울 엄마 고단한 젖 같은
낙수落水, 사약謝藥, 사약死藥

그러다 스스로 시인은 꿈을 꾼다
하얀 나비
하얀 꿈을
어릴 적 보았던 엄마의 하얀 치마저고리
파란 병의 하얀 위장약, 암포젤M 같은
하얀 엄마 꿈
마다마다
멍
하얗게 푸르다

아픈 자리마다 꽃이 피었다

꽃도 아팠을까?
저 아름다운 꽃을 피워내기까지

산방의 꽃들을 보며
아름다움 뒤에 숨겨진 그네들의 아픔 또한 본다

상처傷妻로 흘린 눈물로 피워낸 눈물꽃 홀아비꽃대도
상처傷處 가라앉은 자리마다 피어난 부스럼꽃도
서러워 몰래 숨어 핀 호박꽃도
뜨거운 사랑 깨진 자리 홀로 핀 외론 꽃도
꽃이다

긴 긴 겨울밤
밤새 서럽게 울어대던 자규의 토혈吐血도
꽃이다

동백 동백 뚝뚝 떨군 처연한 동백꽃도
개미 같고 거미 같은 허리 가녀린 엄마꽃도
밭고랑같이 굵게 패인 아부지 이마의 주름꽃도

그리고
어느 무명 시인의 몸속에 숨어 핀 암癌꽃도
꽃이다

아픔 진 자리마다 핀
그네들은 죄다 꽃이다

치사한 끝끝마다 번개가 친다

처음엔
첫사랑처럼 어색하고 낯설더니
하,
어느새 너
병病
내가 되었구나

겹겹 산山 첩첩 산山
스무고개 넘다 넘다
팔다리 다 잘리운 전래동화 속 이야기처럼
손끝 발끝
치사한 끝끝마다
번개가 친다
찌릿우르르 쾅

어둠 속에 묻혔던 고통은
장닭도 채 울지 못한 신새벽부터
무에 그리 급한지
무에 그리 하릴 많은지
예서 번쩍 제서 번쩍
찌릿
우르르 쾅
절절쩔쩔

아!
고통은 살아있음으로 쑤셔대고
끝끝마다
곳곳마다
번개 치는데

이제 겨우 스무고개 넘었을 뿐인데
팔다리 다 저물어 가는데
사지 없는 몸뚱아리로
굴러굴러 태산 넘을 수 있을까?

오늘도
전설을 믿자
신화를 믿자
아니다
전설을 쓰자
신화를 쓰자

다시 또
치사한 끝끝마다 번개가 친다

다시 배우는 걸음마가 슬프다

축구 경기를 보다
스르르 슬펐다

편자 박은 듯한 발바닥으로 느껴지는 감각은
날이 갈수록 아득해지고
수백 개의 모래알이 서걱거리는
서릿발로
달려도 달려도 제자리인
아,
꿈속 같은 헛발질뿐
(2018년 12월 28일
그날은 아마
내 스케줄러 특기사항特記事項란에
패럴림픽 마라톤 경기가 시작된 날로 기록될 거야)

봄, 여름, 가을을 달려
다시 겨울의 문턱에 선 나는 어느새
축적되는 항암약의 노예가 되어
서릿발로 서고 걷고 엉금 휘청
찌르고 찔리고 쑤시고 후벼 파도
아득하기만 한 무감각

나막신을 신고
빗속을 걷는지
무쇠신을 신고
눈길을 걷는지
나는 통 알 재간 없고

열세 살 은범이는 동화 속에 살고
청년 미스터 왕은 앨범 속에서 축구를 하고
중년 왕 선생은 설악지리한라덕유…. 염불 외는 계룡산 보살

올해 환갑인 나는

거실 바닥에 앉아 홀로 축구 경기를 보다

무심코 일어서려는데
아,
아,
묵은 신음 길게 토해내며
우두둑 선다

안해마저 없는 산방 심야深夜
홀로서기 하는 늙은 애 되어
다시 배우는 걸음마가 왜 이다지도 슬픈지

꿈속에서도 아프다

— 2019. 10. 19 이른 아침,
내 작은 숲 산책로를 걷다 소낙비처럼 갈기다

구절초 흐드러지게 핀 들판을 달리고
대청봉 가는
계단
계단
계단도 오르고
3사단 신병 훈련소 연병장
쪼그려뛰기 40회
마지막 구호는 힘차게 생략하고

뛰고
달리고
구르고
넘다
마지막엔 고꾸라지고
한없이 구르다

꿈

꿈(Dream) 같은
꿈夢을 꾸며 잠을 설쳤다

꿈은 이루어진다고
이 또한 지나갈 것이라고
나만의 종교처럼
믿고 의지하고 간절히 기도하며 살아왔건만
끝끝마다 퍼져가는 마비는
백두대간 종주하듯
발등을 타고 올라

정갱이
무릎을 넘어
어느새 허벅지까지 점령해버렸다

통증까지 곁들인 마비는
허리 즈음 베이스캠프를 차리고
정수리 루트를 탐색 중인데
난,
칼바람 속에 던져진
목각인형木刻人形

통통痛痛 알람은 눌러도 멈추지 않는다

11 : 30 PM
습관처럼 잠자리에 들다
정리되지 않은 꿈 뒤죽박죽 꾸다
발과 무릎, 허리에서 찔러대는 통통痛痛 알람에
비몽사몽 뒤척대다 깨다
03 : 35 AM
눌러도 그칠 줄 모르는
고장 난 알람은
전신全身으로 번져나가고
난
백기白旗 든 패잔병 되어
마침내 통증痛症의 노예 되다

(슬픈 기억記憶)
내 나이 등 푸른 열일곱에
하늘 별 되신 울 엄마의 암포젤M
파란 병의 하얀 위장약
뒷마당에 수북 자지러지듯 널브러진
파란 병들의 공동묘지
엄마의 신음소리
'아파 아파, 제발 나 좀 죽여줘'
깊은 밤 도둑처럼 침입한 야매쟁이 김 씨

몰핀 주사
그리고 아기처럼 행복한 엄마 숨소리
죽음 같은 평화, 평온, 깊고 푸른 잠

05 : 35 AM
깨어 앉았음에도 통증痛症알람은 꺼질 줄 모르고
난
엄마의 슬픈 노랠 부르고 있다
나도 야매쟁이 김 씨를 불러야 하나?

영시암엔 그리움만 보냈다

백담사 그리워
그리움 넷 데불고 가던 날
백담百潭 굽이굽이
단풍마저 그리움 빛으로 늙었더라

늙음도 서러운데
저마다 숨겨 둔 병病들이랑 동행한 채
과거형이 되어버린 대화는
슬픔이었다

백담계곡 돌탑만큼의 그리움
억겁의 바위 병痕 만큼의 그리움은
별이 되었나
산山이 되었나
화석이 되었나

영시암, 오세암, 마등령, 봉정암, 중청 대청은
어느새 깊은 추억이 되었고
백담사 다리 건너 영시암 가는 길
삶은 감자 눈에 선하건만

영시암엔
그리움만 홀로 보내고
난
발길을 돌려야 했다

용대리로 나오는 마을버스 안
추억은 심하게 멀미를 하고
봉정암에 남겨둔 아득한 국시가
목메이게 그립더라

암 병동 일기日記 8

오 언니, 권 형님 그리고 우리 부부
이렇게 넷이서 단풍 시들해진 백담사를 찾았다
우리 애들 어렸을 적 근무했던 김부분교를 지나며
안해와 난 가난했던 시절 맹창골, 단지골, 항병골을 들먹이고
오 언니와 권 형님은 과거형 문장으로 응수를 했다

그래, 그랬었지요
그땐 참 대단했었는데
그곳엔 노란 복수초가 흐드러지게 피었었지요
노을빛은 또 얼마나 아름다웠는지
아, 어느새 그때가 오래된 이야기가 되어버렸네요

늙음이 데려온 세월의 병病은
백담사에 이르러 곪아 터지더니
오래전 하늘 별 되신 영감님, 마나님 생각에
묵은 그리움, 간절한 보고픔
꾹꾹 눌러 쌓던 돌탑이 흔들리더라

백담계곡 돌밭
숱한 돌탑마다 새겨진
숱한 그리움 너울대는 풍경 한 컨
우리 넷 소망도 살포시 올려놓고

영시암으로 가는 길로 들어서다
우뚝 걸음을 멈췄다

추억으로 익은 영시암 감자 내음 그리웠지만
영시암엔 그리움만 보내고
우린
발길을 돌려야 했다

가을엔 아프지 말자

제발
아니, 부디
가을엔 아프지 말자
단풍들도 아파 저리 붉게 타거늘
너마저 아프면
가을은 어찌하라고
사람아
가을엔
제발
아.프.지.말.자.
아프려거든 차라리
하얀 겨울에
나목裸木처럼 아프자

암 병동 일기日記 9

어김없이 새벽 아닌 새까만 밤에
홀로 깨어 홀로 아프다
아픔 붉게 간직한 단풍들도 하나둘 떠나고
빈 가지 사이로 찬 바람 잉잉대는 만추晩秋
그렇지 않아도 쓸쓸한 이별로 대지는 서걱거리는데
아, 나마저 아프면 이 가을을 어찌 감당하려느냐?

그러니 제발 이 가을엔 아프지 말자
차라리 아프려거든 다 죽은 듯 하얗게 잠든
겨울산 겨울나무처럼 아프자
아프다고 나목裸木만큼이야 아프겠냐마는
말없이 온몸으로 참아내는 나목裸木처럼 아프자

죽음 같은 고요
속
아픔만 살아 날뛰고 있다

새벽 4시에 깼다

새벽 4시에 깼다
또
그 무시무시한 묘妙한 통증에
찢어진 하얀 깃발을 들고
지칠 대로 지친 퀭한 눈을 반쯤 뜨고 감은 채

잠도 안 자고 비굴하게 침투한 통증은
무릎에 잠복했다
새벽 4시
밤조차 잠든 무방비 시간대時間帶
모처럼 얻은 짧기만 한 숙면의 휴전기休戰期에
묘妙한 통증은 게릴라처럼 무릎을 난사亂射하기 시작하고
난
찢어진 백기白旗를 차마 든 채
절뚝거리는 다리로 살아있는 꿈의 강江을 건너야 했다

차라리 절망하자
그래, 차라리 절망하자
찢어진 백기白旗 들고 절뚝거리며 걷는 밤마다
난 얼마나 많은 눈물을 홀로 감당해야 했던가
아픔은 오롯이 내 몫

내가 들인 인연因緣이려니
이젠
차라리 절망하자

무디어진 기도는 여기까지
이젠 푸른 들판에 누워
뜬구름 같은 시詩를 쓰자

나 죽거들랑, 아들아

나 죽거들랑
목련꽃 그늘 아래 묻어다오
철마다 하이얀 목련으로 피어나
시리도록 노래하리니
한점 바람 불어오면
그리운 사람 사람 품으로 안겨
사랑했었노라 말 전하고

나 죽거들랑 아들아
몸뚱아릴랑 허공 연기로 날려 보내고
한 줌 재 남거든
내 심어둔 미산美山 자락 양지바른 곳
목련나무 그루 그루 두 그루
그 가난한 한 그루 아래
그저 살포시 묻어 목련꽃 피우게 하라
내 철마다
흐드러지게 꽃 피워
그리워 그리워 노래하리니

아들아,
다시 또
꽃 지거들랑

나 또한 잠시 왔다 갔노라고
바람처럼 그렇게 오겠노라고
그러겠노라고

훗날
사랑하는 네 엄마마저 죽거들랑
나 외롭지 않도록 그루 그루
가난한 한 그루
곁에
빈 목련나무 아래
한 움큼 재로
고이만 묻어다오
내 더불어 목놓아 노래 부르리니
아들아,
부디 그렇게 해다오

암 병동 일기日記 10

이젠 버릇이 되었나 보다
엊저녁 그렇게 달래고 어르고 사정하고 공들였건만
발끝에서부터 시작되어 무릎으로 올라온 묘한 통증은
오늘 새벽에도
어김없이 내 잠을 깨운다
그저 안타깝고 우울하다
아픔에 무게가 있다면 그 무게를 측정해 보여주련만
나만 홀로 느끼고 감당해야 하는 아픔의 무게를
어찌 이해시킬 수 있을까?

서서히 지쳐가는 걸까?
무너져 내리는 걸까?
기약도 없는 묘한 통증 앞에 나도 안해도
서서히 지쳐간다
대체 이 아픔의 끝은 있는 걸까?

새벽 닭 첫울음 소리는 아직 멀고
보일러 돌아가는 소리 요란하다

제3부

시詩가 된 이야기

소년이 어른이 되었다
소년이 아버지가 되었다
소년이 할아버지가 되었다
그리고
열일곱 은범이가 환갑이 되었다

그가
미산美山이 되었다

그가 이제 노랠 부른다
아니,
노랠 부르고 싶어 한다

엄마가 못다 부른 노래
아버지가 못다 부른 노래
그런 노래

구절초 같고
메밀꽃 같고
눈물꽃 같은
하얀 노래를

시詩가 된 이야기 1

비,
참으로 지리하게도 온다
벽지로 스며든 빗물 스멀스멀 벽을 적시고, 아주 작은 개미
줄지어 창틀 타고 내려 방바닥으로 행진한다
불만 끄면 원시시대인 방
콰르륵 거리며 흐르는 내린천/ 빗소리
중고 냉장고 힘겹게 힘겹게 냉매 돌리며 핵핵 거린다
사람 소리 그리워 라디오 주파수 찾다가 찾다가 지쳐
내팽개친다
빗소리가 더 이상 노래 아닌 고문/ 고독/ 외로움/ 그리움/ 슬픔

밤,
나 혼자인 밤
아주 까아만 원시의 밤
중독처럼 네 향기를 흠흠 거리다
중독처럼 시詩 물에 타 마시고 시詩를 강간한다
간통인가?
몰라
그래도 난 널 사랑한단다
너 아니?

2004. 7. 13 밤
산방山房엔 빗소리와 네 소리/ 네 향기/ 그리고 나뿐이었지

비 오는 밤 산방山房에 누워

황토黃土 씻기운 물
마귀魔鬼처럼 괄괄 거리는 밤
그 눅눅한 산방山房
비가 내린다
문명文明이라곤 골골거리는 중고 냉장고
유선 맨 TV도 자살을 하고
고물 라디오
남파 간첩 주파수 찾듯
메가헤르츠
혹은 헤르츠
돌리고 돌리고 돌려도
세상은 날 거부한 채
칙칙거린다

이불
너 같은
널 닮은
이젠 네 향기香氣 같은
이불
다리에 꼬고

별도 없는 까아만 밤
비 내리는데
오늘따라 비에서 네 향기가 묻어난다

내 방에 온통
연탄가스같이 가라앉은
날
중독시킬
너/ 너의 향기香氣/ 체취體臭/ 나신裸身/ 그리고 시詩가 된 너

난 가끔 까만 말을 했다

칠흑 같은 밤이면
난
가끔 까만 말을 했다

'네가 사무치게 그리워'

말은
이내 어둠에 묻혀
읽을 수가 없다

오늘 밤
내 겨드랑이에 날개 하나 돋는다면
난

미치도록 그리운 네게
사흘 밤낮
사흘 밤낮
사흘 밤낮

날아가야겠다

그 뒷얘기

어둠
깜깜한 밤
그 무덤 속 같은 고요의 늪에서
지독한 그리움에게
까만 말을 웅얼거려보지만
말은 이내 어둠에 묻혀버린다
말이 어둠 속으로 사라지고
지칠 대로 지친 나는 남는다
차마 버리지 못한 그리움
손아귀에 꼬옥 움켜쥐고
다시 그리움에게 편지를 쓴다
미산美山이 미산美山에게
꿈을 꾸듯 까만 편지를 쓴다
내 시詩는 어둠 속에 묻히고
내 시詩는 박제가 되고
내 시詩는 어디에도 없다

바람으로
그리움 품에
한 닷새 푹 담그고 싶다

그런 사람이 있습니다

가만
하늘을 보면
별처럼 떠오르는 사람이 있습니다

맛있는 음식 앞에 앉으면
다정스레 쌈을 싸서 바알간 입에 넣어주고 싶은 사람

안개 자욱한 호숫가 카페에 앉아
그윽한 눈 이야기 나눌 그런 사람

눈이 하얗게 하얗게 벚꽃처럼 내리기 시작했을 때
전화기를 꺼내 "눈이 와"라고 속삭이고 싶은 사람

오래 두고 보아도 질리지 않는
순백의 구절초 같은 사람

볕 좋은 창가에 앉아 하늘을 바라보고 있노라면
구름처럼 몽글몽글 그려지는 사람

나는 진정 그런 사람이고 싶습니다
당신의 보랏빛 그리움 같은
그런 사람이고 싶습니다

시詩가 된 이야기 2

그런 날이었어
그냥 마구마구 그리운 날

너무 외로웠나 봐

네가 그냥 그리웠어
그냥 말야

만추晩秋, 곰배령에 서다

곰배령 부드러운 둔부로
찬 바람 지독하게 불어댄다
늙은 여인의
빛바랜 머리카락 같은 낙엽
마지막 숨결 허덕이며 허공으로 날리고
곰배령은
젊은 날의 꽃단장을 추억하며
훌훌 옷을 벗는다

그렇게

다 비우고 버리고
알몸으로
혹독한 겨울을 견뎌내야
아름다운 들꽃을 피워내는 거였구나
그런 거였구나

곰배령의 부드러운 둔부를 퉁겨
울려 퍼지는 현의 노래
바람이 되어
차마 떠나지 못하고
곰배령 혼령 되어 서성거린다

시詩가 된 이야기 3

곰배령의 정상에서 지독한 바람을 만났다
한없이 부드러운 능선에
어쩜 그리도 세찬 바람이 불어댈 수 있을까

몸뚱아리조차 가누지 못할 정도의 찬 바람 앞에
난 오래 버티지 못하고 내려왔다
벌써 고왔던 들꽃이며 단풍 다 떠나보내고
나목裸木으로 찬바람을 이겨내는 나무들을 보면서
작은 생명들의 겨울나기에 엄숙함마저 들었다

이겨내리라
폭설과 혹한을 당당하게 이겨내고
눈부신 봄날을 맞이할 곰배령에서
내 삶의 흔적을 되돌아보며 그저 묵묵히 하산했다

물처럼

물의 본성은 흐름이다

제멋대로가 아닌
일정한 법칙에 의해 만들어진 길을 따라
유유히 흐르려는
본성을 지녔다
물이 물길을 따라 흐르는 것을 순리順理라고 한다
물의 본성인 흐름을 거스르는 일은
대자연의 법칙에 어긋나는 일이다

사람에게도 저마다의 길이 있고
우리 모두가 추구해야 할 길이 있다
그걸 우린 도道라고 한다
유유히 흐르는 물처럼
내가 가야 할 길을 물처럼 흐르는 일
그게 감히 인생이라고
나는 생각한다
비록 그 길을 묵묵히 걷는 일이
바보스럽고, 미련스러워 보일지라도
모든 물들에게
저마다의 물길이 있는 것처럼
난 내가 흘러야 할 길을 행복하게 걸어가리라

바람처럼

바람 한 점 후~익
내게로 온다
인연이라 한다

그 먼 먼 어드메에서 떠나온 바람인지는 모르지만
내게 스친 바람조차
내겐 아주 소중한 인연인 게다
내게 온 모든 것
어느 것 하나 인연 아닌 것은 없다

모두에게 소중한 인연으로 살 일이다
바람처럼 흘러 소중한 인연으로 머물다가
인연 다하면 다시 또 흐르는 것이다
떠났다고
잊었다고
잊혀졌다고 슬퍼할 일이 아니다

세상 모든 것은 인연으로 왔다가
인연 다하면 바람처럼 떠난다는 것을….
바람을 잡으려 하지 말자
바람의 본성은 끝없는 이별이리니

구름처럼

구절초 흐드러진 미산산방에 누워
하늘을 본다
일다 사라지다
다시 또 일다 사라지다
숱한 형상의 생성과 소멸

거침없는 구름의 생멸生滅을 보며
구름에게 배운다
집착하지 마라
집착하지 마라

삶은 구름과도 같은 것
생성과 소멸의 진리를 일깨우고
미산美山아, 부디 집착하지 마라

성냄도 탐욕도 욕망도 훌훌 벗어
구름으로 띄워두고
미산美山을 꿈꾸며 살자꾸나

시詩가 된 이야기 4

'악연惡緣도 연緣이다'라고 여기는 내 마음은
어찌할 수 없는 순종일까 포기일까

내게 온 모든 것은 다 인연 따라 온 것
창틈으로 들어온 한 줄기 바람조차
다 인연으로 내게 흘러들어
인연 다하면 떠나는 것
인연은 내가 만들기도 하지만, 숙명처럼 내게 찾아와
나와 노닐기도 하다 때론 괴롭힐 때 있지만
언제 내게 왔더냐 싶을 정도로 매정하게 떠나기도
한다는 것을

'암癌'이라는 이름으로 내게 온 인연
내가 만들고 내가 지은 연緣이니 결코 악연惡緣만은 아닐 터
소크라테스가 '악법惡法도 법法'이라 인정하고
죽음을 받아들인 것처럼
나 또한 '악연惡緣도 연緣'이라 여기려 한다
그렇다고 평생 나와 동거하자는 말은 아니다
내게 왔다가 미련조차 남기지 않고 떠나버린
숱한 인연因緣들처럼
언젠가는 그렇게 물처럼 바람처럼 구름처럼
그렇게 훌훌 떠나갈 것을 알기에….

선승禪僧, 적멸寂滅들다

내어주고
죄罪다 내어주고
마지막 남은 흔적까지
허허虛虛
텃밭 선승禪僧, 적멸寂滅들다

엄마들의 환생還生이었다

개미 같고 거미 같은
엄마 선승禪僧의 허허虛虛 적멸寂滅

허리 쥐어짠 엄마의 눈물
그 하얀 눈물이
연기되어 사라진 자리

충만한 빈 밭
허허虛虛 선승禪僧, 적멸寂滅들다

시詩가 된 이야기 5

어제, 내내 수고한 텃밭의 부산물들을 긁어모아 태웠다

아낌없이 죄다 내어주시던 울 엄마의 바보 같은 사랑을

보는 것 같아 나도 모르게 숙연해졌다

그저 묵묵히 베풀기만 하다 한 줌 재 되어 사라지는 모습이

마치 고승의 다비식을 보는 것 같았다

고승 같았던 울 엄마

아픈 배 몰래 움켜쥐고 자식들 배곯지 않게 하시려

밤낮으로 고생하시던 개미 같고 거미 같았던 엄마

텃밭이 울 엄마의 환생 같다는 생각을 했다

엄마도, 텃밭도 아름답고 시린 추억이 되어버린 시간

내 몸속엔 엄마 같은 텃밭이 자리 잡고 있다

장갑掌匣, 날다

태어날 때부터 운명 지어진 억울
어릴 적 큰 할아버지 댁
벙어리 총각 머슴 덜덜이를 닮은
어쩌면
바보 천치 멍청이
같은
장갑掌匣

벙어리 덜덜이는
아침부터 매질을 당했다
늦게 일어났다고
군불 적게 땠다고
밥 많이 처먹는다고….

덜덜이의 억울한 울음소리는
뒷동산 새벽 여우 울음소리에 섞여
지겟다리에 매단 주먹밥조차 탱글탱글 얼려버리고
허물 벗은 뱀 같은 어깨
지게 끈에선 퍼런 진물이 서럽게 흘러내렸다

장갑掌匣조차 없는 덜덜이 손은
찔리고 터지고 긁히고 베이다
베이고 긁히고 터지고 찔리다
스스로 장갑이 되더니
어느 겨울날 새벽
가시울타리 허물고
덜덜이는 자취를 감추었다

양지바른 돌담 밑
까만 덜덜이가 덕지덕지 더께 낀 손
제가 만든 장갑 낀 채
허옇게 웃고 있다
갈라진 손등 크레바스로
장갑, 새되어 하늘로 날아오른다

장갑을 보면
난 지금도 덜덜이의 까만 장갑이 떠오른다

시詩가 된 이야기 6

텃밭 첫 갈이 하던 어느 봄날 꺼낸 장갑이
여름을 나고 가을을 지나더니 많이 너덜너덜해졌다
아직은 버리기 아까워 볕 좋은 초겨울 날
빨랫줄에 널어놓다
문득 어릴 적 큰 할아버지 댁
벙어리 머슴 '덜덜이'가 생각났다

밤송이 같은 머리, 까맣게 그을린 얼굴
웃을 때마다 하얗게 드러나는 치아
어린애같이 천진난만한 미소
그가 왜 큰할아버지댁 머슴살이를 하게 되었는지는
나는 모른다
암튼 그는 바보스러우리만치 충직한 머슴이었고
이른 아침부터 밤늦게까지 일만 하는
아니 일만 해야 하는 운명을 갖고 태어난 머슴이었다

소꼴 베고 땔나무 해오고 장작 패고 마당 쓸고
소여물 끓이고 외양간 청소하고….
하루 종일 계속되는 노동에 그의 손은 터지고 피 나고
긁히고 찔리다가 어느새 굳은살 딱딱하게 박인
장갑처럼 되었다

히말라야 설산 크레바스같이 갈라진 그의 손등에선
진물 같은 것이 흘러나왔고
어린 내 눈에 비친 머슴 덜덜이는
도망칠 줄도 모르는 바보, 바보, 바보…였다

그런 바보 머슴 덜덜이가
어느 날 갑자기 종적을 감추었다
도망쳤다는 소문, 어느 부자가 납치해갔다는 소문
죽었다는 소문….

빨랫줄에 널어놓은 장갑을 보며
문득 벙어리 머슴 덜덜이가 생각났고
까맣고 딱딱한 그의 손
덕지덕지 더께 낀, 장갑 같은 그의 굳은살 박인 손이 떠올랐다

솟대는 날고 싶다

소망所望이 있다면

조금만 덜 아프고
조금만 더 함께하고
아주 조금만 더 오래 침묵할 수 있기를
바랄 뿐인데
욕심일까?

솟대에 날개 달아주고
내 겨드랑이에 날개 돋우어
그 머언 어드메
어드메
날고지고 날고지고….

날다 날다 지치면
소망 무덤 묘비에 앉아
빙그레
그윽한 향기 미소 머금고

고맙다고 고마웠다고
부리 편지 써
바람결에 부치면 될 일

시詩가 된 이야기 7

산山이 조금 더 쓸쓸해졌고
내가 조금 더 감성적으로 짙어졌을 뿐
산山이 어제도 그제도 그 머언 어느 날도 그렇게
산山이었던 것처럼 모두 다 흘렀다
꽃도 바람도 구름도 물도
그저 그렇게 흘렀을 뿐인데

다시 또 가을이다, 쓸쓸한

부질없다
깊이 패인 어떤 약속보다
힘줘 바르 떠는 손아귀보다
내 꿈틀거리는 심장 소리
널 공명시키는 단 한마디만큼
그윽한 것은 없다

그게 내겐 인생이다
낙엽에 공명共鳴하며
농무濃霧에 더불어 비밀秘密을 각인刻印하는 잠시
황홀한 시간
그게 내겐 인생이다

안해에게 선 구절초 향기가 난다

새들도 기침하지 않은 신새벽
잠든 안해 깰세라
도둑처럼 조심스레 빠져나와
수프 쑤는 시간이 행복합니다

아홉 살 은범이 신랑 되고
일곱 살 혜숙이 각시 되는
꿈같은 아침

소꿉놀이하듯
요리 옮겨보고 조리 옮겨보며
수줍은 아침상을 차려놓고

"색시야, 아침 먹자"

눈 비비며
식탁을 향해 걸어오는
안해가
신부 입장하듯
꿈결같이 내게로 다가옵니다

구절초를 닮아 순백색인
내 여자 혜숙
그녀에게선 아침마다 구절초 향기가 납니다

시詩가 된 이야기 8

미산계곡 물소리, 부지런한 새소리에
신새벽부터 잠을 깹니다

잠 깨어 밖으로 나가면 화花아~~~~
반겨 맞아주는 꽃들의 키스 세례

늘 그러하듯

정성을 얹고 사랑을 보태어 아침 식탁을 차립니다

안해를 위해 아침을 차리는 시간이 언제나 행복합니다

하늘, 바람, 구름, 흙, 비….
자연이 준 선물들로 식탁 꾸리고

곱게 잠든 안해 꼬옥 안아 깨워

행복 수프를 먹는 아침

신새벽이 주는 선물입니다

시詩를 농락하다

잠 못 이룬 밤이 있었다
울 엄마
암포젤M 파란병 속 하얀 별 되신
그 바암

공지천 부여안고
꺼이꺼이 독하게 울던 바로 그 날
내 여자 지우던
고량주 같았던
그 지독했던
밤

내 색시 구절초로 피어나던
고 하얀 첫날밤

그리고 오늘
그 깊이도
그 처음도 모르는 시詩랑
Sex 길게 하려 금침 곱게 깐 밤
잠은 그저 홀로만 자고
시詩마저 혼미한
딱 이런 날

쉰 살의 사내
짓무른 사타구닐 부여안고
부여안고 꼭 부여안고
그저 부여만 안고….

전희도 없이
시詩를 강간했다
시詩다운 시詩 낳긴 또 틀렸다

시詩가 된 이야기 9

홍천군 내면 삭막한 관사
잠은 일찌감치 달아나고
내린천 쓸쓸한 물소리는 술 따르는 소리처럼 괄괄 거리는데
아,
난 왜 이 깊숙한 오지奧地
짐승 굴 같은 우리에 갇혀 불면의 밤을 보내야 하는가?

엄마가 그립고
첫사랑 영英아가 그립고
비 내리는 공지천 포장마차 그리운 밤
애꿎은 시詩 볼모로 앉혀두고
나 홀로 발버둥 친다

시詩는 여전히 멀고
밤은 죽음처럼 고요만 한데
스스로 시詩 귀신에 홀려 흐느적거리는 밤
쥐오줌 누렇게 얼룩진 천정 쥐새끼들은 사랑놀음 하는지
간드러진 교태음을 사정하듯 흩뿌리고 있다

잡초에게 미안하다

잡초에게 미안하다

긴 긴 겨울
얼마나 가슴 벅찬 희망을 품고 견뎌냈을까?
언 땅 녹고
흙 속살 보드라워지던 날 기다려
빼꼼 머리 내민 여리디여린 파밭의 생명들

꽃다지, 고들빼기, 개망초, 쑥….

파가 아니라는 이유만으로
잡초라는 누명을 쓰고
사정없이 뽑히고 끊기고
하얀 피를 흘리며 죽어야 했다

아,
잡초라는 죄명으로
꽃도 채 피우지 못하고 죽어간
잡초에게 미안하다

잡초 사라진 휑한 자리
미안함으로 그득하다

탁啄, 탁啄, 탁啄

자정子正을 넘긴 초침秒針은
예리할 대로 예리했다

24시간을 쉬임 없이 연마硏摩 한 초침은
다시 새날을 깎기 시작했고
희미한 불빛에 드러난 초침秒針
시한폭탄時限爆彈 초침秒針 같다

스걱. 스걱. 스걱.
칼 가는 소리
초침秒針 날 서는 소리

(왜 난 살기殺氣를 느꼈을까? 그 새날에)

하루를 도려내고 다시 또 다른 하루를 도려내는 소리
지구 표면을 게걸스레 핥아대는 소리
버둥거리는 도다리 살점 도려내는 소리
노점상 시린 가슴 동파凍破 되는 소리
새벽을 쓸어버리는 환경미화원의 해소 기침 소리
이름 없는 시인 시詩 갈기는 소리

첨탑尖塔 끝에 걸린 찢어진 깃발 같은
이름 없는 시인의 서러운 시詩가 유산되는
12월이다

어느 날은 초침秒針의 그 예리한 끝
낭떠러지 같은 첨탑尖塔에 올라
얼마나 바둥거리며
때론 비겁하게
더러는 절망적으로 삶을 구걸했던가?

댕겅댕겅 잘려 나가는 세월을 본다
49년 11개월 동안 깎여나간 내 흔적들을 본다
끊임없이 돌아가는
침針 같은 시간들에 찔리는 영육靈肉이
아프다

이젠 내가 나를 깎아야 한다
제법 닳아 예리함을 잃어버린 분침分針으로
혹은 더 여유로운 시침時針으로
조금은 더 천천히
조금은 더 아름답게 조각해야 한다
내
영원한 미산美山을

탁啄, 탁啄, 탁啄….

우리는 정동진으로 간다

우리는 정동진으로 간다
무엇에 목말라 가는 것이 아니다
무엇을 바라고 가는 것은 더욱 아니다
바람이 가는 곳 찾아 불더냐
아니다
바람은 그저 바람으로 흘러 바람으로 머물다
바람으로 사라질 뿐

통痛바람 부는 날 새벽 네 시
우리는 정동진으로 간다
무엇에 목말라 가는 것이 아니다
무엇을 바라고 가는 것은 더욱 아니다
그저 꽃을 찾아 길 떠날 뿐이다
전설 속의 꽃, 우리 둘의 꽃
만지면 부서진다는 'Don't touch me flower'
그저 바라만 보아야 한다는
전설 속의 그리움 꽃 찾아
우리는 정동진으로 간다

내 기억 속엔 엄마만 있다

엄마,
내가 아마 제일 처음 배운 말 일게다
내가 아마 제일 마지막으로 기억한 말 일게다

내 기억 속엔 엄마만 있다
열일곱 등 푸른 나이에
엄마 하늘 별 되신 이후
엄마 그리운 날이면
아이처럼 엄마를 부르곤 했다

어머니
나이 먹어
할아버지 되고 나서
그저 마음으로만 옹알이할 수밖에 없는 내 어머니
어머니
어머니
입 밖으로 단 한 번도 불러보지 못한
아,
내 그리운 어머니
어머니
오늘따라 당신이
사무치게 그립습니다

시詩가 된 이야기 10

아마 사람들이 세상에 태어나서 처음 배운 말이
‘엄마’가 아닐까?
그러다 나이 들어 배우는 말이 ‘어머니’가 아닐까?

늦게까지 떼지 못한 엄마 젖 때문이었을까?
난 고등학생이 되어서도 ‘어머니’라 부르지 않고
‘엄마’라고 불렀다
세상에 태어나서 처음 배운 말 ‘엄마’
미련이 남아 빈 젖꼭지 빨아대는 다 자란 아기처럼
내 나이 등 푸른 열일곱이 될 때까지도
난 ‘엄마’를 떼지 못했다

내게 ‘엄마’란 말은 미련 남아 떼지 못하는
다 자란 아기의 빈 젖꼭지 같은 말이다
‘엄마’와 함께 한 추억
그 슬프고 아름다웠던 ‘엄마’와의 짧은 시간들
그런 ‘엄마’는 내 글의 깊숙한 근원이자
전부가 되어버렸다

이제 며느리의 시아버지가 되고, 사위의 장인이 되고
손주들의 하부지가 된 내 나이 어느새 환갑

지금껏 한 번도 불러보지 못한 말, '어머니'
그저 마음속으로만 옹알이할 수 밖에 없는 내 어머니

어머니

어머니

입 밖으로 단 한 번도 불러보지 못한

아,

내 그리운 어머니

어머니

오늘따라 당신이

사무치게 그립습니다

김혜숙은 반성하라

산방山房에
다락방 짓고
밤마다
안해 품고 잘 줄 알았는데
허
다락방 미산美山은
인제막걸리
죽부인 삼아
허벅지에 품고 살더이다

김혜숙은 반성하라
반성하라
반성하라

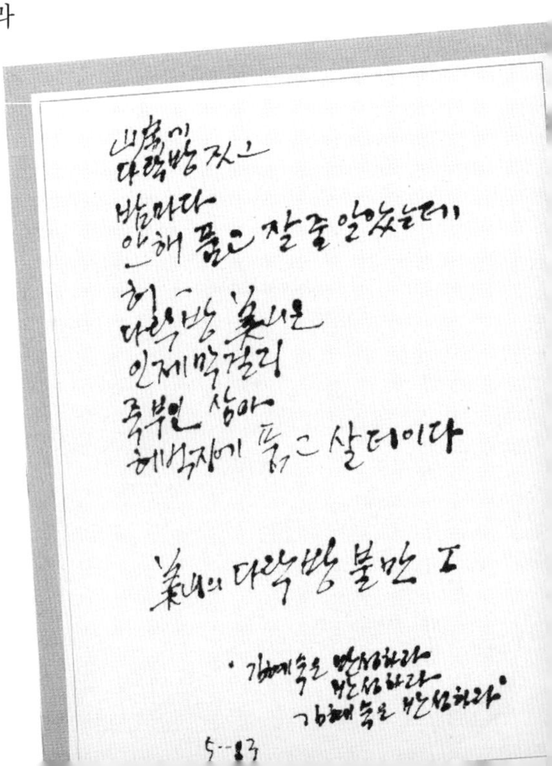
山房에
다락방 짓고
밤마다
안해 품고 잘 줄 알았는데
허
다락방 美山은
인제막걸리
죽부인 삼아
허벅지에 품고 살더이다

美山의 다락방 불만

· 김혜숙은 반성하라
반성하라
김혜숙은 반성하라.

5-83

내가 사랑하는 사람은

내가 사랑하는 사람은
혜숙이처럼 다소곳한 사람입니다
자신을 낮추고 남을 높일 줄 아는

내가 사랑하는 사람은
혜숙이처럼 겸손한 사람입니다
나를 드러내기보다는 나를 잠재우고
나를 내려놓을 줄 아는 참 겸손을 아는 사람입니다
난 그런 여자 혜숙이를 사랑합니다

내가 사랑하는 사람은
속이 아름다운 사람입니다
명품 백 하나 없어도 늘 예쁜 사람
명품보다는 폐품에 생명 불어넣어 주는 사람
바로 내 여자 혜숙이 같은 사람입니다

내가 사랑하는 사람은
흙을 사랑하는 사람입니다
네일 아트로 헛치장 한 인조 손톱보다
손톱 밑에 낀 흙 때를 사랑하는 사람
바로 내 여자 혜숙이 같은 사람입니다

소리 / 바람 / 형상

1. 소리

소리
속의 소리
다시 그 소리 속의 소리
그 소리 속의 소리
에
삶의 노래가 애달프게 지나간다

'파 색 트럭이 새소리처럼
돼지 멱따는 소리처럼
멀어져 간다

[제행무상諸行無常]

2. 바람

바람이 분다
바람
속의 바람
그 속의 바람

속
그 깊숙한 속

엄마 목소리
아부지 목소리
그리고
구절초 향기
막걸리 향기 뒤엉킨

바람이 온다
하얀 색깔 그리움 길게 드리우고
메밀꽃 이파리 같은 바람이
유성우처럼
폭풍우처럼
꿈길처럼

온다

너도 왔음 참 좋겠는데
내 가슴 숭숭 빠지는 바람만 온다
춥다

[본래무일물 本來無一物]

3. 형상形象

형상形象 하나
움직이다 멈춘다
형상 둘
바람처럼
구름처럼
그렇게 사라져간다

사라져간 간 것들의 끝은 어딜까?

[만법귀일 일귀하처 萬法歸一 一歸何處]

The End
— 까만 밤, 까만 글씨로 까만 시詩 쓰다

불면不眠의 밤들은
마냥 검었다
마치 등燈도 없는 긴 터널처럼

긴 터널의 끝은
요단강 건너 그 파란 동산
구절초 곱게 핀 그 어드메쯤일까?

써도 써도 보이지 않는
까아만 밤
까만 글씨

날지 못하는 나무새는
내 사연 전할 길 없고
밤마다 쓴 내 사연은 하소연이 되고

밤도 새벽도 아닌 시간과 시간 사이
난
그 아슬아슬한 틈에 갇혀
불면不眠의 까만 밤
까아만 글씨로
까만 시詩를 썼다

시詩가 된 이야기 11
— 2005년 적다. 다시 2019년 겨울에 인용하다

우문愚問/시詩는 어디에 사는가?
시詩에 대한 정의 혹은 개뿔 같은 헛소리
배부른 돼지가 꿀꿀대는 소리는
부른 배 두드리는 소리이고
배곯은 돼지가 꿀꿀대는 소리는 시詩다

적당한 온도, 습도, 자양분 속에서
나무는 무르게 잘 자라지만
분재는 비틀림 당하며 시詩를 쓴다

쓰레기장을 뒤지는 털 빠진 늙은 쥐나
빗물에 씻기운 성근 똥에 앉은 파리는
시詩가 되지만
동물원 우리 속 게으른 사자는 오락거리다

뼈를 깎아 날 세운 펜으로 제 살 도려내어
모두 다 웃는 즐거운 날
웃음 뒤에 감추어진 아픔을
따스한 눈물로 덮어줄 줄 아는 가슴을 가진 자의
가슴이 토해내는 게 시詩다

그리하여 시詩는 언제나 나로부터 떠났다
언제나 내게로 온다

오늘,
허공에 매달린 꽃
울부짖다 울부짖다 목쉰 나무새의 노래
나무새의 초점 없는 응시
어느 여인의 헝클어진 머리카락
향기 없는 꽃이
차라리 나의 시詩다

시詩는 모름지기
한 보름 변비 앓다 항문 찢으며 나온 피 묻은
된똥이어야 한다

그런 줄 알면서 밥 잔뜩 처먹고 주체할 수 없는
번들거리는 색욕色慾처럼
설사 만 해대는 나는
시인詩人 못된다
멀었다
어림 반푼어치도 없다
세상의 시인詩人 다 죽거들랑
나는 시인詩人이로소이다

미산美山의 구절초로 표상한 자아의식

— 왕은범의 『하얀 詩集』의 시세계

김 관 식 (시인, 문학평론가)

1. 프롤로그

왕은범 시인의 제3시집 『하얀 詩集』은 순백의 그리움과 서정, 그리고 생멸의 경계를 규정짓는 이미지가 강하게 드러나는 시집이다. 시집의 제목을 하얀 시집이라고 명명한 것부터 시인 자신이 의도적으로 서정적인 자아의식을 표출하기 위해서라고 볼 수 있다. 흰색은 청결, 순수의 이미지를 상징하기도 하지만, 우리 민족은 백의민족이라고 하여 흰색의 의복을 즐겨 입었다. 갓난아이에게 입는 배내옷이 하얀색이고, 또한 사람이 죽음을 맞이했을 때 상복으로 하얀 옷을 입었다. 그러니까 생과 사의 경계를 상징하기도 한다. 우리는 태어나서 죽을 때까지 하얀 색깔과 불가분의 관계를 맺고 살아가게 된다. 입는 옷은 물론 먹는 밥까지 흰색이다. 그리고 겨울이면 하늘에서 내려오는 하얀 눈은 차가운 이미지이지만, 눈에 보이는 모든 사물을 하얀색으로 통일시키는 평등과 순수의 이미지를 연출하는 등 다양한 이미지를 연출한다.

왕은범 시인은 온 세상을 순수와 그리움을 통일시키는 하얀색의 상징을 자아의식의 이상향으로 설정하고 고독과 절망 속에서 타아他我 속에 자신의 존재를 인식하고 싶어 하는 열망과 자아의식을 시로 표출하고 있다. 이는 고독한 자신의 모습을 타인에게 각인함으로써 절망을 극복하려는 몸부림이라고 할 수 있다.

그가 극한 상황에서 자신의 존재에 대한 정당성을 타인에게 위로받으려고 서정적인 자아의식을 "미산美山의 구절초"로 표출한 『하얀 詩集』의 시를 탐독함으로써 그의 시세계에 다가가 보기로 한다.

2. 미산美山의 구절초로 표상한 자아의식

왕은범의 『하얀 詩集』은 시인 자신의 내면 고백서요 참회록이다. "시詩가 된 그리움/ 시詩가 된 병病/ 그리고 시詩가 된 이야기들로 까만 밤마다/ 한 줄 한 줄 참회록을 쓰듯 하얀 시詩를 써 내려갔다"고 시인이 자신이 고백한 것처럼 그는 하얀 밤을 뜬눈으로 지새운다. 그리고 자신이 살아온 날들을 뒤돌아보며, 이제까지 만난 사람들과의 추억을 떠올린다. 그러면서 그 인연의 소중함에 대해 다시 생각하며, 혼자 그리워하고 참회의 눈물을 흘리는 내면세계의 고백서다.

그는 시인으로서 숙명을 묵묵히 감내하며 "미산美山"이라는 이상향을 향해 "난/ 다시 또 내 길을 묵묵히 걸어갈 것이다"라는 강한 의지와 결의를 다짐한다. 오늘날 시인을 운전면허증이나 사회적인 공인 자격증으로

알고 시적인 열망도 없이 맹목적으로 시인되기 열풍에 휩싸여 시인 공화국이 될 정도로 많은 시인들이 활동하는 우리나라 이상한 문단 기류에서 왕은범 시인처럼 시를 쓰는 창작행위를 숙명으로 받아들여, 극한의 외로움과 절망을 극복하는 방편으로 매달린 시 정신이 투철한 시인은 흔치 않다. 왕은범 시인은 절망과 고독을 극복하기 위해 시를 쓰는 시인이다. 불확실한 미래를 향해 던지는 자기 존재에 대한 의문은 그에게 시를 쓰는 창작행위를 통해 자신의 존재를 증명하려 한다. 자신의 존재성을 증명하기 위해 그는 마치 누에가 실을 뽑아 누에고치로 자기 몸을 감싸듯이 그리움의 실타래를 언어로 풀어서 시를 씀으로써 자신의 내면세계를 보호할 울타리를 치는 것이다. 그의 시는 생멸의 경계에서 절망과 고독을 극복하기 위해 누에가 실을 뽑아 제 몸을 감싸서 집을 짓는 하얀 누에고치처럼 그리움의 언어로 짜놓은 누에고치(번데기 집)가 바로 『하얀 詩集』이라고 할 수 있다.

1) 그리움의 언어로 짜놓은 누에고치(번데기 집)
— 제1부 시詩가 된 그리움

뽕잎만을 먹은 누에가 입으로 실을 토해내어 자신의 몸을 보호할 누에고치를 만들어낸다. 누에고치의 실을 다시 풀면 명주실이 되고, 명주실로 비단 옷감을 짜낸다. 누에가 입으로 실을 토해내는 것은 누에의 전 생애를 거는 일이다. 시인이 시를 쓰는 행위도 누에의 생존행위와 유사할 때 공감하게 되는 것이다.

내 시詩를 당신 머리맡에 살포시 내려놓습니다

당신이 잠드신 사이
가녀린 바람으로 다가가
하늘하늘 흩날리는 그대 고운 머릿결로 몇 줄 쓰고
당신 고운 향香 한 줌 얻어다
내 심연心淵 가 작은 흙집에 별처럼 뿌려두고

다시
곱게 잠든 당신 뜨락으로 달려가
가슴 가슴
콕
콕
박히는 그리움 별로 내려
그대 안에 나를 뿌리고 싶습니다

오늘처럼
내가 맑아지는 날은
아주 고운 시어詩語만 골라
그대 하얀 가슴에
한 올 한 올 고운 시詩만 수놓고 싶습니다

—「하얀 시집詩集」 전문

왕은범 시인은 시를 통해 자신이 표현하고자 하는 그리움의 대상에게 자신의 참회록 같은 고백서라 할 수 있는「하얀 시집詩集」을 내밀고 싶어 한다. 시를 읽지 않는 세상에서 가장 절실하게 시를 읽을 수 있는 방법으로 잠든 대상의 꿈속으로 들어가 전달하려는 몽상 속에서 시를 전달하고 싶어 한다.

가스통 바슐라르는 그의 저서 『몽상의 시학』에서 몽상의 시학을 아니마의 시학이라 명명하였고, 아니무스에 집중하는 남자는 아니마로 몽상하고, 아니마에 집중하는 여자는 아니무스로 몽상한다고 하였다. 남자든 여자든 모든 인간은 몽상의 비탈길을 끊임없이 내려가다가 결국 심층의 아니마에서 휴식을 취하게 된다. 따라서 여성성의 아니마는 영원한 고향인 우주의 품에서 인간의 구체적인 휴식, 우리의 전 존재를 쉬게 하는 휴식을 경험하게 한다고 말했다.

왕은범 시인은 몽상의 시인이다. 바슐라르처럼 꿈꿀 권리를 가지고 몽상의 세계에서 타자에게 다가가고 싶은 욕망을 시로 표현하는 것이다. 시인은 많으나 진실로 시의 가치를 모르고 빈껍데기만 찬양하고 낭송하려는 즐기기 문화가 성행하는 시대에 진실로 자신의 전 생애를 걸고 던지는 절실한 그리움의 시, 즉 가슴으로 전하는 시를 쓰고 싶은 열망과 그러한 자신의 열망을 타인의 몽상을 통해 동일한 가치로 받아들여 정서적으로 공감하는 누에고치와 같은 「하얀 시집詩集」을 전달하고 싶다는 것이다.

그는 이처럼 관념 속 몽상의 세계에서 자신이 시를 통해 꿈꾸는 이상적인 세계를 그리고 입으로 직접적으로 토로한다. 그러나 그러한 토로가 절실하기 때문에 그의 시는 관념의 유희로 빠져들지 않고 파급력 있게 전달되는 특이한 마력을 지니고 있다.

나,
그리운 날엔
그리운 날엔
숨죽여 흘린 눈물로 편질 쓰리라

보고 프다고

보고 프다고
끈적한 눈물 찍어
서글픈 필체로 꾸욱 꾹 편질 쓰리라

--- 중략 ---

왼종일 널 향한 그리움 연 날리다
끝내는
훠이훠이 네게로 안겨
순백의 구절초 되리라

—「그리운 날엔」 일부

그것은 그가 위의 시에서처럼 누군가가 절실하게 「그리운 날엔」 "편질 쓰리라", "순백의 구절초 되리라"라고 실천적인 행위를 소망으로 토로했기 때문에 관념의 유희에서 벗어날 수 있었던 것이다. 그러나 시에서 "그립다", "보고 싶다", "슬프다", "괴롭다" 등의 직접적인 정서를 토로하는 것은 현대시에서 가급적 절제하고, 시적 대상에 감정이입하거나 간접화로 우회하여 표현하는데 일반적이다. 그것은 정서를 직접적으로 토로할 때 독자는 그 정서에 직접적으로 거부하는 심리가 작동됨으로써 역효과를 미치기 때문이다. 따라서 시에서 정서를 객관적인 상관물을 통해 우회하여 전달함으로써 시인의 정서를 독자에게 객관적으로 환기시키는 것이 일반적인 시창작의 원리이다. 그러나 왕은범 시인의 시는 내면의 정서를 직접적이고 구체적으로 행위를 통해 실현하거나 누구나 공감할 수 있는 "인연은 구름처럼 왔다가/ 구름처럼 가기도 한다는 것을/ 바람 한 점도 인연 따라왔다가/ 또한 그렇게 바람처럼 떠나는 것을–「인연은 다하면 강江으로 간다」"라고 잠언과 같은 인생의 지침을 이야기함으로써 호소력 있게 정서를 전달한다.

"울컥/ 슬프다/ 잊는다는 것에 대하여 말을 하려니/ 차마 슬프다// 잊는다는 것은/ 나를 도려내 너를 지우는 일이다-「잊는다는 것은」"에서도 직접적으로 "슬프다". "잊는다"라는 정서반응과 자신의 인생에 대한 해석적 진술이다. 그러나 이러한 정서반응과 해석적 진술은 "그립다/ 말을 할까/ 하니 그리워// 그냥 갈까/ 그래도/ 다시 더 한 번-김소월의 「가는 길」"이라는 소월의 시와 유사한 시풍과 정서적인 반응으로 독자를 사로잡는 것이다.

그의 시는 농밀한 그리움으로 범벅이 된 내면세계를 직접적으로 진솔하게 토로함으로써 스스로 절망과 고독감에서 벗어나려는 절박한 몸짓이 그림자처럼 드리워짐으로써 상투적인 감정 토로의 시가 빠질 수 있는 시적인 함정을 제어하고 있다.

그것은 그리움이 범벅이 된 상태의 감정을 그대로 보여주기 때문에 상투적인 정서이나 왕은범 시인만의 특유한 개성으로 자리 잡아 체험 속 몽상의 세계에서 몽상으로 받아들여지게 되는 것이다.

그의 제1부의 시제를 보면, "그리운 것들은 다 별이 되었다", "잊혀진다는 것에 대하여", "그리움 화석", "산다는 것에 대하여", "난, 그런 사람이고 싶습니다", "그리움이라는 사람이 있습니다", "그리움, 눈물꽃 같은", "그립다는 것에 대하여", "그리운 날이면 비가 내렸다", "비", "그리움", "사랑을 하려거든, 아들아", "그리움 편지", "내 노래는 언제 익어 시詩가 되려나", "다시, 그리움에게", "시인詩人아, 이제 눈 감고 자자", "내 사랑은 늙지 않는다", “울지마라”, “얼음새꽃”, “나는 구름입니다”, “미산美山을 꿈꾸며”, “바보가 살았단다”, “참 좋은 인연은 꽃이 되더라”, “미산美山 숲 산책로 평상에 누워”, “솟대 만들다” 등을 살펴보면, 그리움이라는 직접적인 정서를 노출한 시제가 11개나 될 정도이고 시의 내용에서도 시어로 사용한 빈도수가 많다. 따라서 자연적으로 그리움이 범벅이 된 상태의 시가 된 것이라고 할 수 있다. 또한 이 밖의 나머지 시들은 내면세계의 갈등 상황에 대한 자의식과 지난날을 참회하는 성찰 의식을 보인 시들이다.

시인 자신이 암 투병을 하는 절박한 상황 속에서 생명을 향한 열망과 죽음의 그림자에 대한 공포감이 그리움으로 범벅되어, 자기 존재와 관련된 인연들을 생각하며 참회하는 진솔한 자기 독백이 정서의 직접적인 노출에도 불구하고 공감을 일으킨 동인이 되었다고 할 수 있을 것이다.

벌러덩 눕다
훌훌 벗어던지다
바람을 낚아 시詩 쓰다
오이 썰어 냉국 만들고
옥수수 감자 삶아 먹다

매미 곁에 두고 콧노래 흥얼거리다
법정法頂 싸부 그리워
다시 꺼내 음미하다
바람 낚아 시詩 쓰다

아픈 자리마다
꽃이 피었다

내 아픔 다하는 날

내 아픔 상처 남은 자리엔
어떤 꽃 필까?
암세포 닮은
독한 꽃 대신
작고 순한 참꽃마리 피었음 좋겠다

—「미산美山 숲 산책로 평상에 누워」 전문

이 시는 왕은범 시인의 실존적인 현재의 모습과 상황을 명확하게 밝혀주는 시이다. 지난 교직 생활을 퇴직하고 자연과 벗 삼아 시를 지으며, 병마와 싸우며 살아가는 시인의 달관한 삶의 자세를 보인다. 그는 평생 무소유를 몸소 실천하며 살다간, 법정 스님을 사부로 모시고 여름날 알몸으로 바람을 낚아 시를 쓰며 살아가는 시인이다. 다시 말해서 "오이 썰어 냉국 만들고/ 옥수수 감자 삶아 먹다// 매미 곁에 두고 콧노래 흥얼거리"며, 최근 케이블 텔레비전에서 인기리에 방영되고 있는 "나는 자연인이다" 프로그램의 주인공처럼 살아가고 있는 것이다. 그가 토로하는 시는 "아픈 자리에 핀 꽃"이다. 그는 암이라는 병마와 싸우면서도 시를 쓰면서 위안을 받는다. 시는 바로 그의 병마와의 싸움에서 인내할 수 있는 희망의 메시아이며, 생명을 지키는 마지막 보루이기 때문이기도 하다. 그는「미산美山 숲 산책로 평상에 누워」 "암세포 닮은/ 독한 꽃 대신/ 작고 순한 참꽃마리 피었음 좋겠다"는 작은 소망으로 자연과의 일체화를 꿈꾸며 살아간다. 그는 꿈을 꾼다. 상상의 세계 속에서 현실의 고통을 스스로를 위로하고 치유하며 살아가는 것이다.

그러니까 시인이 체험하는 상상속의 현실은 몽상의 세계이며 환상이다. 따라서 프로이드는 이러한 환상을 인간의 자아가 현실 속에서 포기한 쾌락에 대한 보상으로 그것을 정신활동의 영역에 잠시 보존시켰다가 다시 욕망이 성취된 것처럼 표상함으로써 해방감을 느끼게 되고, 그것을 통해 자유를 느끼는 정신활동이라고 말하고 있다.

따라서 그는 스스로를 치유하기 위한 몸부림으로 모든 욕망을 환상에 의한 욕망의 형상화로 쏟아냄으로써 시인은 스스로 치유의 힘을 얻게 되는데, 이러한 작업이 바로 누에고치를 만들어내듯 시를 쓰는 일인 것이다. 그렇게 함으로써 그리움의 언어로 짜놓은 누에고치(번데기 집)라는 자기 생명과도 같은 『하얀 詩集』을 한 권을 이웃과 친구들에게 내밀면서 자신의 존재가 건재함을 당당하게 이야기하고 싶은 것이다.

2) 생멸에 대한 존재성과 자아의식
— 제2부 시詩가 된 병病

키에르케고어는 인간의 본성을 영원한 존재와 관련하여 해석했는데, 그의 저서 『죽음에 이르는 병』에서 인간은 순간과 영원, 유한과 무한, 필연과 자유 사이의 종합이 바람직하게 이루어지지 못하면 절망하게 된다. 실존적 절망에서는 자신이 영원한 존재와 영혼의 활동을 한다는 자각이 없다. 그러므로 인간은 종합의 근거인 영원한 존재와 관계에서만 절망을 극복하게 된다.

그는 실존적 절망이 '죽음에 이르는 병'이라고 한다. 그러므로 절망은 자아를 없애려고 해도 없앨 수도 없고 죽고 싶어도 죽을 수 없는 고뇌며 자아를 소진시킨다. 실존적 절망은 무엇에 대한 절망이 아니라 자기 자신이 되고 싶으나 자기 자신이 될 수 없는 절망이다. 결국 인간의 모든 의식은 자기의식에서 연유한다. 이런 점에서 절망은 그 무엇에 대한 절망이지만 현실적 생활에서 실상은 자기 자신에 대한 절망이다.

그에 의하면, 영혼의 활동이 영원한 존재와 관계하면서 올바른 종합이 이루어질 때 실존적 절망을 극복하고 자아를 찾아가게 된다. 유한, 순간, 필연의 존재가 무한, 영원, 자유의 차원으로 나아가면서 자신에게 주어진 시공간적 제한인 유한, 순간, 필연을 넘어서면서 영혼의 활동으로서 자아가 형성되어진다고 말하고 있다.

한 인간이 암에 걸렸다는 진단을 받을 때 실존적인 절망, 즉 죽음에 이르는 병에 빠지게 된다. 왕은범 시인은 암을 「생일선물」이라고 역설적으로 표현한다. "내가 키운 암 3종 세트"라고 말하고, "그래,/ 이제부터/ 드라마틱 한 암 투병기를 써보자/ 참으로 귀한 생일선물 받았으니/ 감사하고 또 감사하자-「생일 선물」"라고 자신의 몸에 찾아온 암을 긍정적으로 받아들인다. 생일날 퇴원하게 된 것을 감사하며 "611병실 환우들과 작별 인사를 나누고/ 퇴원 수속을 밟고…./ 집에 머무는 동안 챙겨 먹을 약을/ 푸짐하게 선물(?) 받고 국립암센터를 나서는데…./ 아, 눈물이 난다-「암 병동 일기日記 1」"로 2019년 기해년 새해를 맞이한다. 그리고 "그래,/ 인연 따라 왔구나/ 내가 불러들인 손님이니/ 한 석 달/ 잘 지내다 가렴-「항암치료 시작하다」"라고 병을 자기를 찾아온 손님으로 받아들인다. 그리고 병마와 싸우면서 "아프니까 엄마 생각이 났습니다/ 내 나이 등 푸른 열일곱에 하늘별 되신 울 엄마/ 그 엄마의 DNA가 내 몸속에 흐르나 봅니다-「암 병동 일기日記 3」"라고 병의 유전인자를 물

려주신 어머니를 생각하며 말없이 수용한다. 투병하는 동안「불면증, 자가진단」을 내리기도 하며, 자신이「나는 어느새 목각인형이 되었다」는 사실을 자각하게 된다. 그러면서도 병을 긍정적으로 받아들이는 자세를 취한다. "K 님/ 산다는 것은 다시/ 가슴에 꽃 하나 피우는 일인지도 모릅니다-중략-K 님의 가슴에선/ 하이얀 구절초/ 화아~~~ 피었음 좋겠습니다-「K 님」"이라고 "실존적 절망을 극복하고 자아"를 찾아 자신의 병보다 타인의 가슴에 꽃이 피우길 희원하는 자세를 보인다. 그러면서도 너무나 진솔한 병마의 경험을 소환하여 우리가 건강할 때 잊어버리고 살아가는 한번쯤 병마에 시달려보았던 경험을 생생하게 재현시켜 보여주고 있다.

추워서 서러운 밤
상여 같은 침대에 누워
병病꽃 피우는 시간
아픈 날은 밤도 길다

밤은 잔인하게 난도질당한 채
도막
도막
잘리우고
잠은
죽음 같은 강江을 헐떡이며 자맥질하건만
강江은 여전히 멀다

시간은 모질게 살아 서걱서걱 칼을 갈고
무릎은 통통痛痛 짓무르는데
난,
묵은 아픔으로 발버둥 치는 목각인형

버림받은 등신불等身佛 된다

상여 같은 침대에 누워
병病꽃 피우는 시간
강江은 여전히 멀고
아픈 날은 밤도 길다

—「아픈 날은 밤도 길다」 전문

우리는 건강할 때 우리의 몸을 함부로 대한다. 그러다가 병이 찾아오면 그때서야 자신이 몸을 함부로 사용한 것에 대해 뉘우치게 된다. 평소에 고마운 것들은 우리들은 많이 잊어버리고 살아간다. 공기에 대한 고마움, 부모에 대한 고마움, 친구와 이웃에 대한 고마움을 모두 망각하고 살아가다가 관계가 단절되거나 잘못 설정되었을 때서야 그 고마움에 대한 절실함을 깨닫게 되는 것이다. 병마와 싸우며 누어있는 침대는 죽음의 공포가 떠올려지는 "상여"와 비유될 것이고, 아픈 고통 때문에 시간이 더디게 가는 것 같이 느껴진다. 적막한 밤이 "잔인하게 난도질당한 채/ 도막/ 도막/ 잘리우고/ 잠은/ 죽음 같은 강江을 헐떡이며 자맥질하건만/ 강江은 여전히 멀다"고 느껴진다. 잠은 밤에 자며, 생명의 휴식이라고 볼 때 밤에 잠이 오지 않는 상황을 "병꽃을 피우는 시간" 생명을 살리는 물의 이미지로 강을 등장시켜 병마가 헤엄쳐가는 이미지로 비유하여 불면과 고통의 순간에 대한 느낌을 「아픈 날은 밤도 길다」라고 생생하게 소환해 공감을 불러일으키고 있다.

또한 병중한病中閑에 백담사의 단풍을 구경한 소감을 생생하게 그려놓고 있다.

백담사 그리워
그리움 넷 데불고 가던 날
백담百潭 굽이굽이
단풍마저 그리움 빛으로 늙었더라

늙음도 서러운데
저마다 숨겨 둔 병病들이랑 동행한 채
과거형이 되어버린 대화는
슬픔이었다

—「영시암엔 그리움만 보냈다」 일부

병중한病中閑에서 바라보는 백담사의 단풍은 "그리움 빛으로 늙었더라"고 술회하고 있다. 단풍이 절정에 이르렀다는 표현을 세월의 흐름으로 치환하여 "늙었음"으로 은유하고, 늙음과 함께 동행 하는 각자의 숨겨둔 병은 "과거형이 되어버린 대화"가 되고 그것은 슬픔으로 돌아온다는 생로병사의 숙명적인 고뇌는 생멸에 대한 존재성을 자각한 자아의식에서 비롯되었다고 할 수 있다. 그러면서도 병마의 고통 속에 죽음의 그림자를 의식하는 불안과 고독의 정서를 아들에게 호소하고 있다.

나 죽거들랑
목련꽃 그늘 아래 묻어다오
철마다 하이얀 목련으로 피어나
시리도록 노래하리니
한점 바람 불어오면
그리운 사람 사람 품으로 안겨
사랑했었노라 말 전하고

—「나 죽거들랑, 아들아」 일부

왕은범 시인은 항암 투병은 병마를 긍정적으로 받아들이면서 생명의 존재성에 대한 자각과 인생무상, 그리고 실존적인 자아의식을 죽음이라는 공포 속에서도 자연으로 돌아가는 인간의 숙명을 받아들이며 유언으로 "나 죽거들랑/ 목련꽃 그늘 아래 묻어다오"라고 꽃을 피우는 목련처럼 죽어서도 시를 쓰는 시인으로 남겠다는 결의를 다짐하고 있다. 시를 병마로 숙명처럼 받아들이고, 병마와 싸우는 왕은범 시인의 진솔한 자세가 시와 암을 치환하여 시로써 새로운 생명의 꽃을 피워내는 무한한 몽상의 세계로 상상력을 확장시켜놓고 있다.

3) 시인이 살아온 에피소드, 잡다한 이야기 — 제3부 시詩가 된 이야기

왕은범 시인은 60해를 살아왔다. 교육자로서 평생을 살아오다 말년에 자연과 벗 삼아 시를 쓰면서『하얀 詩集』으로 세 번째로 펴낸다. 늘그막에 암과 투병하며 생명의 인연에 따라 자신이 살아온 인생을 되돌아보며 잡다한 에피소드의 이야기를 시로 썼다. 시적인 분위기를 의식하지 않고 자신의 마음이 움직이는 대로 생활하면서 느낀 정서를 시로 진술하고 있다. 시는 경험이라고 한다. 사람이 살아가면서 수많은 사람들과 만나고 헤어지면서 경험을 하며 살아가게 된다. 좋은 경험이 있는가 하면 떠올리기도 싫은 경험도 하면서 살아가나 시간이 경과하면 과거는 다시 반복할 수 없기 때문에 추억이 되는 것이다.

왕은범 시인은 만남의 인연을 소중히 가슴속에 간직하고 살아가는 시인이다. "별 좋은 창가에 앉아 하늘을 바라보고 있노라면/ 구름처럼 몽글몽글 그려지는 사람-「그런 사람이 있습니다」"처럼 아름다운 추억으로 떠올려지는 인연은 아름다운 인연일 것이다. 그는 가끔 곰배령을 오른다. 「만추晩秋, 곰배령에 서다」에서 그곳, "곰배령의 정상에서 지독한 바람을 만났다–「시詩가 된 이야기 3」"라고 진술하고 있다. 그리고 그는「바람처럼」"구절초 흐드러진 미산산방에 누워/ 하늘을 본다–「구름처럼」" 그리고, 구름을 보고는 "거침없는 구름의 생멸生滅을 보며/ 구름에게" "집착하지 마라"는 깨우침을 얻는다고 진술하고 있다.

그리고 왕은범 시인이 살고 있는 산방은 "미산계곡 물소리, 부지런한 새소리에 신새벽부터 잠을 깹니다–「시詩가 된 이야기 8」"라고 자연의 숨결 소리가 들리는 곳이며, 그가 사랑하는「안해에게 선 구절초 향기가 난다」는 자연과 인간이 조화를 이루는 장소이다.

쓰레기장을 뒤지는 털 빠진 늙은 쥐나
빗물에 씻기운 성근 똥에 앉은 파리는
시詩가 되지만
동물원 우리 속 게으른 사자는 오락거리다

뼈를 깎아 날 세운 펜으로 제 살 도려내어
모두 다 웃는 즐거운 날
웃음 뒤에 감추어진 아픔을
따스한 눈물로 덮어줄 줄 아는 가슴을 가진 자의
가슴이 토해내는 게 시詩다

그리하여 시詩는 언제나 나로부터 떠났다
언제나 내게로 온다

오늘,
허공에 매달린 꽃
울부짖다 울부짖다 목쉰 나무새의 노래
나무새의 초점 없는 응시
어느 여인의 헝클어진 머리카락
향기 없는 꽃이
차라리 나의 시詩다

—「시詩가 된 이야기 13」 일부

왕은범 시인이 살아온 잡다한 에피소드와 살아가면서 터득한 잡학은 그의 시의 소재가 되고 있다. 그는 꾸밈이 없다. 자연과 벗 삼아 근원적인 인간의 외로움 속에서 생멸하는 인간의 존재에 대한 성찰을 통해 고독한 내면 풍경을 진술한다. 시가 따로 존재하는 것이 아니다. 시는 시인일 뿐이다. 시인의 체험을 언어로 압축해서 형상화해놓은 것이 시라고 할 때, 형식이 따로 존재하는 것이 아니다. 산에 숲이 우거질 때 비와 바람, 햇빛에 의해 씨앗이 뿌려지고 싹이 터서 생태계를 이루는 것처럼 시도 시인의 내면을 어떻게 하면 효과적으로 표출하여 다른 사람들에게 정서적인 공감을 이룰 것인가를 생각하고 시를 창작하다 보면 나름대로의 개성적인 방법을 터득하게 되는 법이다. 이론가들은 여러 시인들의 공통된 기법들을 추려서 이야기할 뿐인 것이다.

왕은범 시인의 사유는 자유분방하다. 개방적이다. 서정적이다. 자아가 강하다. 심산유곡 미산美山에 살면서 인간적인 정을 그리워하는 사람이다. 그는 천성적으로 시인의 운명을 타고난 사람이다. 그래서 "따스한 눈물로 덮어줄 줄 아는 가슴을 가진 자의 가슴이 토해내는 게 시詩다"라는 시의 정의를 표방하고 따뜻한 시가 되기 위해 "울부짖다 울부짖다 목쉰 나무새의 노래"를 부르는 것이다. 향기가 다 소진 될 때까지 미산美山의 구절초로 표상한 강한 자아의식을 표출하면서 그는 인연을 맺은 사람과의 따뜻한 교감을 나누고 싶어 세 번째 시집 『하얀 詩集』을 펴내는 것이다.

3. 에필로그

장자는 일찍이 인간은 자아실현을 통해서만이 자기 자신에게 복귀할 수 있게 되고, 부단히 생명의 한계를 초월할 수 있게 되어 그 생명의 총체성을 완성할 수 있게 된다고 생각했다. 그리고 이러한 총체성은 인간이 천지와의 상호관계를 형성하고 있는 상황을 묘사하는 것, 즉 천인합일이 되는 것이며, 이러한 천인합일의 경지는 진인의 경지에 이르게 된다. 또한 인간이 자연과 환경의 상호관계 아래서 표현되어지는 진 · 선 · 미의 조화와 통일의 경지에 이르면 천인합일의 경지에 다다르게 된다. 왕은범 시인은 자연에 은거하여 자유를 구가하며 살아가는 시인이다.

키에르케고어에 따르면, "영혼의 활동이 영원한 존재와 관계하면서 올바른 종합이 이루어질 때 실존적 절망을 극복하고 자아를 찾아가게 된다. 유한, 순간, 필연의 존재가 무한, 영원, 자유의 차원으로 나아가면서 자신에게 주어진 시공간적 제한인 유한, 순간, 필연을 넘어서면서 영혼의 활동으로서 자아가 형성되어진다."고 말하고 있다.

왕은범 시인 자신의 자아가 강하게 드러난 내면 고백서요 참회록이라고 할 수 있는 세 번째 시집『하얀 詩集』은 불확실한 미래를 향해 던지는 자기 존재에 대한 의문을 증명하는 보증서이다. 자신의 존재성을 증명하기 위해 그는 마치 누에가 실을 뽑아 누에고치로 자기 몸을 감싸듯이 그리움의 실타래를 언어로 풀어서 시를 씀으로써 자신의 내면세계를 보호할 울타리를 치는 것이다. 그의 시는 생멸의 경계에서 절망과 고독을 극복하기 위해 누에가 실을 뽑아 제 몸을 감싸서 집을 짓는 하얀 누에고치처럼 그리움의 언어로 짜놓은 누에고치(번데기 집)가『하얀 詩集』이라고 할 수 있다.

왕은범의 시집『하얀 詩集』은 3부로 구성되어 있다.

제1부 시詩가 된 그리움에서는 그리움의 언어로 짜놓은 누에고치(번데기 집)를 지어놓았다.

제2부 시詩가 된 병病에서는 생멸에 대한 존재성과 강한 자아의식을 보인다.

제3부 시詩가 된 이야기에서는 시인이 살아온 에피소드와 잡다한 이야기로 구성되어 있다.

이 시집을 발간을 계기로 그의 암이 치유되어 건강한 모습을 되찾아서 자연과 이웃이 다 같이 향유할 수 있는 주옥같은 시를 왕성하게 창작할 수 있기를 바랄 뿐이다.

문학세계대표작가선 914

하얀 詩集

왕은범 제3시집

인쇄 1판 1쇄 2020년 2월 13일
발행 1판 1쇄 2020년 2월 20일

지 은 이 : 왕은범
펴 낸 이 : 김천우
펴 낸 곳 : 도서출판 천우
등 록 : 1992. 2. 15. 제1-1307호
주 소 : 서울시 성동구 무학봉28길 6 금용빌딩 2F
전 화 : 02)2298-7661
팩 스 : 02)2298-7665
http://moonhak.wla.or.kr
E-mail : chunwo@hanmail.net

값 10,000원

ISBN 978-89-7954-799-3

이 도서의 국립중앙도서관 출판예정도서목록(CIP)은 서지정보유통지원시스템 홈페이지(http://seoji.nl.go.kr)와 국가자료공동목록시스템(http://www.nl.go.kr/kolisnet)에서 이용하실 수 있습니다. (CIP제어번호: CIP2020004012)